Maria da Graça Jacintho Setton

JUVENTUDE NA AMAZÔNIA:
experiências e instituições formadoras

Maria da Graça Jacintho Setton

JUVENTUDE NA AMAZÔNIA:
experiências e instituições formadoras

EDITORA CRV
Curitiba - Brasil
2015

Copyright © da Editora CRV Ltda.
Editor-chefe: Railson Moura
Diagramação e Capa: Editora CRV
Foto de capa: Roberto Setton
Revisão: A Autora
Conselho Editorial:

Profª. Drª. Andréia da Silva Quintanilha Sousa (UNIR)
Prof. Dr. Antônio Pereira Gaio Júnior (UFRRJ)
Prof. Dr. Carlos Alberto Vilar Estêvão
- (Universidade do Minho, UMINHO, Portugal)
Prof. Dr. Carlos Federico Dominguez Avila (UNIEURO - DF)
Profª. Drª. Carmen Tereza Velanga (UNIR)
Prof. Dr. Celso Conti (UFSCar)
Prof. Dr. Cesar Gerónimo Tello
- (Universidad Nacional de Três de Febrero - Argentina)
Profª. Drª. Elione Maria Nogueira Diogenes (UFAL)
Prof. Dr. Élsio José Corá (Universidade Federal da Fronteira Sul, UFFS)
Profª. Drª. Gloria Fariñas León (Universidade de La Havana – Cuba)
Prof. Dr. Francisco Carlos Duarte (PUC-PR)
Prof. Dr. Guillermo Arias Beatón (Universidade de La Havana – Cuba)

Prof. Dr. João Adalberto Campato Junior (FAP - SP)
Prof. Dr. Jailson Alves dos Santos (UFRJ)
Prof. Dr. Leonel Severo Rocha (URI)
Profª. Drª. Lourdes Helena da Silva (UFV)
Profª. Drª. Josania Portela (UFPI)
Profª. Drª. Maria de Lourdes Pinto de Almeida (UNICAMP)
Profª. Drª. Maria Lilia Imbiriba Sousa Colares (UFOPA)
Prof. Dr. Paulo Romualdo Hernandes (UNIFAL - MG)
Prof. Dr. Rodrigo Pratte-Santos (UFES)
Profª. Drª. Maria Cristina dos Santos Bezerra (UFSCar)
Prof. Dr. Sérgio Nunes de Jesus (IFRO)
Profª. Drª. Solange Helena Ximenes-Rocha (UFOPA)
Profª. Drª. Sydione Santos (UEPG PR)
Prof. Dr. Tadeu Oliver Gonçalves (UFPA)
Profª. Drª. Tania Suely Azevedo Brasileiro (UFOPA)

CIP-BRASIL. CATALOGAÇÃO-NA-FONTE
SINDICATO NACIONAL DOS EDITORES DE LIVROS, RJ

S521j

    Setton, Maria da Graça Jacintho
    Juventude na Amazônia: experiências e instituições formadoras / Maria da Graça Jacintho Setton. - 1. ed. - Curtiba, PR: CRV, 2015.
    200 p.

    ISBN 978-85-444-0541-3

    1. Educação - Amazônia. 2. Juventude - Amazônia - Educação. I. Título.

15-25243   CDD: 370.9811
                                                              CDU: 37(811)

04/08/2015   04/08/2015

2015
Foi feito o depósito legal conf. Lei 10.994 de 14/12/2004
Proibida a reprodução parcial ou total desta obra sem autorização da Editora CRV
Todos os direitos desta edição reservados pela:
Editora CRV
Tel.: (41) 3039-6418
www.editoracrv.com.br
E-mail: sac@editoracrv.com.br

UM CONVITE À LEITURA

A ampliação do campo de investigação sobre os jovens no Brasil, tanto sob o ponto de vista das problemáticas de pesquisa como da incorporação de perspectivas teóricas plurais, sempre é bem-vinda. O livro de Maria da Graça Setton certamente constitui mais uma contribuição importante tendo em vista o horizonte de questões que apresenta e busca compreender. Ao escolher regiões do Brasil pouco conhecidas para realizar suas pesquisas, certamente definiu uma estratégia importante diante da complexidade observada nos processos sociais e seus protagonistas jovens em nossa sociedade.

Como afirma a autora, Alter do Chão na região de Santarém no Pará, "foi denominado por um dos guias de turismo mais conhecidos internacionalmente, o *Lonely Planet*, como a Pérola do Amazonas". Assim, essa pequena localidade reúne situações diversas e contrastantes em que a intricada combinação entre a tradição e a modernidade resulta em uma miríade de experiências vividas pelos jovens nos espaços de sua socialização. O texto examina as contradições e ambiguidades presentes em sociedades de culturas híbridas, acepção cunhada por Nestor Canclini e criativamente incorporada pela autora quando propõe como vetor analítico a construção de disposições híbridas nos processos de socialização. .

Sua abordagem sociológica integra não só a literatura internacional, mas dialoga com o pensamento brasileiro, sobretudo aqueles estudiosos das realidades não urbanas em processo de tensa transformação e os fenômenos recentes da cultura em um mundo globalizado. Maria Isaura Pereira de Queiroz e José de Souza Martins são referencias importantes uma vez que seus estudos ao longo das últimas décadas evidenciaram a complexidade da sociedade brasileira que exige a adoção de perspectivas teóricas capazes de dialogar com a historicidade dos processos sociais. Renato Ortiz constitui uma inspiração fundamental para a autora, tanto pelo modo como sempre trabalhou com os fenômenos culturais como pelas significativas contribuições que oferece com suas análises sobre a globalização em curso. A leitura do livro certamente estimula a realização de novos estudos e oferece ao leitor um importante cenário que ainda em grande parte permanece submerso. O Brasil não pode ser decifrado apenas a partir de suas grandes metrópoles de regiões mais industrializadas e urbanizadas. Os jovens e as jovens da Amazônia, certamente marcados pelas desigualdades e incertezas que caracterizam seu modo de vida, agregam novos desafios para o conhecimento sociológico e para a efetivação de direitos a serem assegurados pelo Estado.

Marilia Pontes Sposito
Professora de Sociologia da Faculdade
de Educação da USP

APRESENTAÇÃO

Caro leitor, se você trabalha e/ou se interessa pela temática da juventude não pode deixar de ler este livro. Ele trata de jovens, discutindo as complexas relações e instâncias nas quais eles vêm se construindo como seres sociais, contribuindo de forma significativa para ampliar o debate em torno dos processos de socialização dos jovens no contexto da sociedade brasileira contemporânea.

Neste livro Maria da Graça nos traz um rico panorama sobre a vida de jovens moradores de Santarém, Pará, discutindo as suas experiências socializadoras em espaços como a família, a religião, a escola, seus grupos de pares e as mídias. Nos mostra, através de uma pesquisa criteriosa e densa, que os processos de socialização vêm se complexificando no contexto das mutações profundas que vêm ocorrendo na sociedade ocidental, que afetam diretamente as instituições e os processos socializadores. Desta forma, as instâncias clássicas como a família, a escola ou a religião ganham novas configurações e sentidos e passam a conviver com outras, como as mídias ou a sociabilidade, que também interferem na produção social dos indivíduos. Constata que na sociedade brasileira os processos de socialização se constituem como espaços plurais de múltiplas referências identitárias nos quais, nas palavras da própria autora, "o jovem encontra condições de forjar um sistema intercultural de referências familiar, religiosa, escolar e midiáticas, um sistema de habitus coerente, no entanto híbrido e fragmentado". Ou seja, fica o recado, para compreendermos as novas gerações, temos de levar em conta os múltiplos espaços e tempos nos quais vem se produzindo socialmente bem como a dinâmica das suas mutações.

Esta é uma das contribuições centrais deste livro. A sua análise nos fornece um aparato conceitual que possibilita compreender com mais clareza as especificidades das novas gerações, com suas características e desafios próprios, possibilitando assim uma maior aproximação com o universo juvenil. Significa um coroamento de um percurso intelectual de Maria da Graça, do qual sou um privilegiado interlocutor, através do qual vem contribuindo para adensar o debate em torno da temática da socialização, um conceito central para a compreensão dos vínculos entre o individuo e a sociedade, próprio do oficio do sociólogo, desafio tão bem realizado por ela.

Neste sentido, o livro vem reforçar um eixo de investigação que procura estabelecer interfaces entre o campo de estudos da juventude com a sociologia da educação. Neste enfoque, o aluno do ensino médio é visto através de outros olhares e dimensões, o que amplia as perspectivas para a pesquisa educacional. Parece se concretizar uma proposta de Carlos Brandão, quando dizia, no final dos anos de 1980, da necessidade de conhecer "não apenas o mundo cultural do aluno, mas a vida do jovem em seu mundo de cultura, examinando as suas experiências cotidianas de participação na vida, na cultura e no trabalho"(BRANDÃO, 1986, p.139).

E esta contribuição é mais significativa pelo fato da pesquisa se realizar na região norte do país, o que traz à tona a complexidade da realidade brasileira, na sua diversidade e convivência com tempos históricos diferenciados. E esta diversidade se torna mais acentuada na medida em que a sua investigação toma como objeto de análise jovens com condições materiais e culturais de existência distintos, sendo um grupo de jovens de uma escola pública e outro de uma escola privada. Nesta perspectiva, sua pesquisa vem contribuir para ampliar o conhecimento em torno dos jovens desta região ainda pouco explorada do ponto de vista da sua cultura e dos seus sujeitos.

Ao longo dos capítulos, Maria da Graça vai descortinando para o leitor as instâncias significativas na socialização dos jovens, iniciando pela sociabilidade, passando pela família, religião, escola, lazeres e práticas culturais, em todas elas se perguntando pelo papel que ocupam na vida dos jovens e pela interdependência existente entre as mesmas, possibilitando assim um percurso interpretativo que aponta para a socialização como um fenômeno social total, apropriando-se com maestria deste conceito de Marcel Mauss para evidenciar o processo socializador "como uma negociação contínua, em que a participação do jovem e as instituições sociais mantêm tensas e intensas relações simbólicas de reciprocidade".

Em todas estas instâncias de socialização, centrais na produção social dos jovens contemporâneos, a autora busca analisar como elas coexistem em formações sociais ditas modernas ou tradicionais mas também como se articulam nos grupos com perfis econômicos e culturais distintos. Através dos dados quantitativos e qualitativos da sua investigação, a autora discute como se organizam estas matrizes de socialização no ponto de vista de jovens imersos em contextos econômicos e culturais distintos, apontando suas semelhanças e diferenças bem como as tensões e ambiguidades existentes.

Finaliza o livro buscando compreender as tensões e enfrentamentos entre os valores tradicionais e modernos evidenciados pelos jovens, Maria da Graça não cai na resposta fácil das dicotomias, de um Brasil arcaico, tradicional e outro moderno, apostando na direção analítica de uma complementariedade dialética vivida por estas duas dimensões coexistentes na realidade brasileira. Neste sentido, parte da ideia de que as relações entre tradição e modernidade apresentam-se como duas dimensões que possuem espaços de diálogo e convergência, mas também espaços de tensão e conflito. Com a noção de hibridação, a autora complexifica sua análise, nos mostrando como a socialização vivida pelos jovens e o resultado deste processo, suas identidades pessoais e sociais, estão em constante construção. Demonstra, concluindo, como este processo de socialização é pleno de contradições e ambiguidades, apontando para uma realidade dinâmica e em constante transformação.

Esta rápida síntese é para evidenciar para você, caro leitor, a relevância e alguns dos eixos analíticos presentes neste livro. Com ele Maria da Graça oferece-nos, de uma forma clara e agradável, uma refinada análise sociológica que vem adensar o campo de estudos da juventude, contribuindo, e muito, para ampliar a compreensão do mundo adulto, em especial os educadores, a respeito da realidade dos jovens alunos que frequentam as escolas brasileiras, sua realidade, suas demandas e necessidades.

E chega em uma boa hora, em um momento histórico significativo no qual a sociedade brasileira assiste, perplexa, a intensa mobilização juvenil nas ruas demandando um amplo leque de direitos. Os jovens colocam em questão as instituições políticas bem como as políticas sociais, aqui compreendendo desde a mobilidade urbana até a educação, mas também as mídias tradicionais, apontando para novas formas de comunicação e mobilização. Este livro nos fornece de alguma forma elementos para compreender melhor a realidade e os desafios desta nova geração diante da qual temos uma responsabilidade histórica.

Em síntese, uma obra que vale a pena ler!

Juarez Dayrell
Professor de Sociologia da Faculdade de Educação
da Universidade Federal de Minhas Gerais

BRANDÃO, Carlos Rodrigues. A educação como cultura. São Paulo: Brasiliense, 1986.

SUMÁRIO

INTRODUÇÃO 13

CAPÍTULO UM
SOCIABILIDADE JUVENIL E CONTROLE DOS PARES 31

CAPÍTULO DOIS
A FAMÍLIA E A RELIGIÃO ENTRE OS JOVENS
DE SANTARÉM 43

CAPÍTULO TRÊS
DIFERENTES PERCEPÇÕES SOBRE A ESCOLA
ENTRE OS JOVENS DO ENSINO MÉDIO 71

CAPÍTULO QUATRO
LAZERES E PRÁTICAS DE CULTURA ENTRE
OS JOVENS DE SANTARÉM 105

CAPÍTULO CINCO
A ESCOLHA E O *RECONHECIMENTO* PELA EDUCAÇÃO:
o caso de Antônio 139

CAPÍTULO SEIS
DESENVOLVIMENTO ECONÔMICO E DESENVOLVIMENTO
SOCIAL NA REGIÃO NORTE: percursos incertos 161

CONCLUSÃO 175

REFERÊNCIAS 177

ANEXO 189

SOBRE A AUTORA 199

INTRODUÇÃO

Esta coletânea apresenta seis ensaios acerca dos processos socializadores vividos por jovens residentes na região da Amazônia brasileira, mas especificamente, jovens residentes na cidade de Santarém, Pará. Trata-se de registros acerca dos processos formativos de jovens do Ensino Médio, um exercício comparativo entre alunos de uma escola pública e uma escola privada do Norte do país. No formato de uma coletânea, esse livro traz um panorama sobre a vida desses jovens, no que tange à suas experiências socializadoras em espaços como a família, a religião, a escola, seus grupos de pares e por fim, as mídias[1].

As reflexões têm ainda o objetivo de discutir o contexto sócio-histórico das múltiplas experiências de socialização de jovens brasileiros do Ensino Médio. A reunião destes artigos, procura também oferecer uma contribuição para questões que tocam diretamente aspectos da sociologia da juventude e aspectos da sociologia da educação, dado que oferece um panorama das representações e vivências de jovens paraenses em fase de escolarização, até agora raramente investigados [2].

Por fim, esta coletânea responde a um compromisso de pesquisa de levar à população investigada os resultados de uma reflexão que contou com o auxílio de professores, coordenadores, diretores e, sobretudo, alunos do Colégio Dom Amando e do anexo da Escola de Ensino Médio Dom Tiago Ryan, em Santarém e Alter do Chão, respectivamente. A eles meus sinceros agradecimentos.

Do ponto de vista da Sociologia da Educação, os artigos identificam uma nova estruturação no campo da socialização.

---

1   Por mídias considera-se todo aparato simbólico e material relativo à produção de mercadorias de caráter cultural. Para maiores informações consultar Setton, 2010.
2   Vale lembrar a exceção de trabalhos de Dayrell et al. (2011, 2011a)

Utilizou-se uma perspectiva relacional de análise a fim de apreender a especificidade do processo de construção das disposições de cultura do jovem da elite e das camadas populares na atualidade. Considerando o processo de socialização das sociedades atuais como um espaço plural de múltiplas referências identitárias, encontrou-se um jovem com condições de forjar um sistema intercultural de referências familiar, religiosa, escolar e midiáticas, (entre outras), um sistema de *habitus* coerente, no entanto híbrido e fragmentado.

Do ponto de vista da Sociologia da Juventude, investigar os jovens do Ensino Médio como sujeitos de pesquisa revelou-se interessante porque, por excelência, as novas gerações são reconstrutoras de valores culturais, são produtoras de novas tradições, com rupturas, ora graduais ora radicais. Pela condição do contato original com padrões já existentes os jovens são produtores de novas hibridações e sincretismos culturais. Na verdade o que se procurou foi exatamente desvelar essa nova síntese, a articulação de matrizes que aos poucos vão se transformando até organizar, mesmo que temporariamente, um novo padrão que se tornará tradição[3].

---

3 Os artigos sistematizam os principais resultados da pesquisa intitulada *Família, religião, escola, mídia: um estudo sobre as práticas de socialização contemporâneas*, desenvolvida com apoio da FAPESP entre os anos de 2004 a 2013, sínteses da tese de Livre Docência, defendida em 2009, na Faculdade de Educação da USP. Mais especificamente o quinto capítulo analisa uma história, como um exemplo singular da vida destes jovens. Os dados para a análise do primeiro ao quarto capítulo referem-se a aproximadamente duzentos e cinquenta questionários aplicados aos alunos do ensino médio de duas escolas, acima citadas, na cidade de Santarém e em seu distrito de Alter do Chão. A investigação contou com um trabalho de observação e entrevistas semiestruturadas com vinte alunos dessas mesmas escolas. O critério de seleção dos entrevistados obedeceu ao interesse em investigar tipos sociais diferenciados baseando-se nas variáveis, sexo, cor, religião e ocupação e instrução paterna e materna, selecionados com base nas respostas aos questionários.

A articulação das matrizes de cultura no Brasil

Estes artigos revelam o amadurecimento de uma série de desdobramentos de pesquisa que contam aproximadamente vinte anos. Considerando, inicialmente, a coexistência marcante de diferentes matrizes socializadoras em nossa formação cultural, registrou-se duas temporalidades bastante distintas em solo brasileiro. Temporalidades ainda em curso que podem ser caracterizadas, *grosso modo*, pelos pares de conceitos periferia / centro, tradicional / moderno, rural / urbano, cultura oral / cultura letrada (SETTON, 2004b). A partir de um ponto de vista relacional, observou-se a sinergia de esforços pedagógicos entre instâncias socializadoras – família (camadas populares e camadas da elite), escola (cultura letrada) e mídia (cultura de massa) - evidenciando um espaço intercultural de referências na composição de disposições de cultura de um grupo de estudantes das camadas pouco pesquisadas. Na ocasião da análise, foi possível identificar as relações de interdependência e hibridação entre referências escolares, religiosas e midiáticas na construção de um conjunto de novas disposições de cultural (SETTON, 2005).

Ainda que brevemente, seria interessante circunscrever cada uma destas agências formadoras a fim de dosar suas influências nas experiências de vida dos jovens.

Sobre a cultura escolar, ao se atentar para as estatísticas educacionais pode-se observar que só muito recentemente conseguiu-se universalizar o acesso à escola de nível fundamental no território brasileiro. Em relação ao Ensino Médio, ainda que nos primeiros anos do século XXI tenham crescido expressivamente suas matrículas, verifica-se que o acesso ainda não se apresenta generalizado em todas as regiões do país, ou mesmo entre os segmentos de distintiva origem social. No que se refere ao Ensino Superior, devido à herança de baixa escolarização, as estatísticas se apresentam muito distantes dos vizinhos latino-americanos.

Segundo o *Anuário Brasileiro de Educação Básica (2012)*, entre os brasileiros de 25 anos ou mais, um contingente expressivo não ultrapassou o Ensino Fundamental, isto é, a média de anos de estudos é de 7,2; na região Norte a média de estudos é de 6,7 e no Estado do Pará a média é de 6, 3 anos de escolarização; na localidade, registram-se ainda 32,2% de crianças com oito anos ainda não alfabetizadas. No Brasil, 60,7% conseguiram finalizar o nível de Ensino Básico, portanto possuem apenas onze anos de estudo.

Mais especificamente, tomando-se os centros desenvolvidos como referência é possível observar que as camadas médias têm pouca tradição em relação à cultura escolar. Segundo Setton (1994, 2004), o nível de instrução da geração dos pais dos professores e pequenos empresários em São Paulo, maior centro urbano do país, na década de 90 do século passado, revela que, mesmo para uma parcela cultural e economicamente privilegiada, a herança e a familiaridade com a cultura da escola eram uma raridade. Grande parte dos pais dos segmentos anteriormente citados possuía apenas os primeiros anos da vida escolar. Nesse sentido, tinham poucas chances de sedimentar hábitos, práticas e comportamentos que valorizam as maneiras cultivadas de se relacionar com a escola e torná--la referência e base para suas escolhas relativas a um estilo de vida. Ainda nessa linha de raciocínio, observando dados mais recentes[4], é possível verificar que, entre os alunos que frequentam as escolas privadas, ainda que tenham pais com escolaridade universitária, é notável a diferença entre os índices relativos ao Sudeste e ao Norte do país. Dessa forma, justifica-se uma inquietação sobre a força formadora da escola nas disposições de *habitus* de amplos segmentos da população e sua articulação com outras matrizes de cultura.

Raciocinando com as categorias de Bourdieu (1979) e Lahire (1997), entre outros, considera-se que o trabalho

---

4   Dados relativos à pesquisa Família, escola e mídia: um estudo sobre práticas de socialização contemporâneas, realizada entre 2005-2007.

pedagógico da escola acaba por ser mais valorizado e aproveitado desde que as condições de socialização sejam propícias. Isto é, considerando que a sinergia de projetos pedagógicos entre a família e a escola favorece um maior rendimento escolar, compreende-se o trabalho complementar entre ambas como um espaço significativo na consolidação de uma maneira de se relacionar com os valores e com as categorias de julgamento, propriamente *cultivados,* que determinam sobremaneira a seleção e a priorização de práticas afinadas a uma cultura culta e letrada.

Por outro lado, é importante salientar que, dada a nova configuração de cultura das sociedades contemporâneas, a sinergia de forças entre família e escola é apenas uma possibilidade, longe de ser geral, ainda que desejada. Em condições de modernidade o contato com uma heterogeneidade de referências culturais implica chamar atenção para a formação de indivíduos plurais, na acepção de Bernard Lahire (2002, 2006). Ou seja, indivíduos submetidos a um conjunto de influências e experiências de socialização, distantes da família e da escola, indivíduos que podem apreender e se submeter a novas e ou outras referências e modelos de cultura, que competiriam com as tradicionalmente vistas como legítimas.

Nesse contexto, crê-se ser importante chamar a atenção para a presença das mídias e o mercado de cultura construído com base nelas. No caso do Brasil, mais especificamente, des de os anos 1970, a sociedade vem convivendo com a realidade dos meios de comunicação de massa de maneira intensa e profunda. Pouco letrada e urbanizada, em algumas décadas, a população brasileira viu-se imersa em uma *Terceira Cultura,* como diria Edgar Morin (1984) – a cultura da comunicação de massa –, que se alimenta e sobrevive à custa das culturas de caráter humanista, nacional, religiosa e escolar.

Sobre a matriz de cultura religiosa, cabe lembrar que, ainda que o Brasil tenha como religião majoritária o catolicismo, sabe-se que desde a década de 90 do século XX, é forte a presença de evangélicos no país. Pode-se afirmar também que a religiosidade do brasileiro varia segundo a região e a condição sócio econômica. Não obstante, religiões oriundas de uma fé mais mágica, como a Umbanda e ou Candomblé ou crenças de origem indígena como a Pajelança, entre outras, são pouco reveladas de maneira manifesta. Ou seja, é possível observar que feitiçarias ou envolvimentos com práticas de magia são ainda omitidas quando os relatos assumem um caráter oficial, como, por exemplo, nas situações de entrevistas.

É possível, pois, considerar a realidade brasileira organizada a partir de uma variedade de matrizes de cultura convivendo em tensas relações simbólicas, matrizes disposicionais capazes de orientar condutas, práticas e representações sociais ora coerentes, ora heterogêneas.

Serão apresentados ainda nessas reflexões aspectos em que a modernidade e a tradição, a cultura letrada e a cultura oral se apresentam articuladas. Como diria uma larga tradição sociológica, o olhar constrói o objeto de estudo. Preocupando-se em compreender as tensões e os enfrentamentos entre valores tradicionais difundidos, em tese, pelos espaços da família e da religião e, valores modernos disponibilizados quase sempre pela escola e pelas mídias, propõe-se uma discussão que possa contribuir para a compreensão dessas articulações e enfrentamentos.

Em outras palavras, para compreender o processo de construção da identidade social e ou as disposições de *habitus* dos jovens do Ensino Médio, foi necessário circunscrever teoricamente os espaços sociais em que circulam. Para tanto, os artigos irão demarcar um entendimento sobre o contexto de articulação das instâncias de socialização dos jovens. Parte-se do pressuposto de que, para se fazer uma análise sociológica do processo formativo dos jovens, precisou-se compreender o ambiente sócio-histórico em que circulam bem como as redes de sentido que tecem com a heterogeneidade de matrizes de cultura que os circundam. Para desenvolver o argumento, cada artigo relata as experiências de socialização de jovens das camadas de elite e das camadas populares no que se refere a suas vivências na família, na religião, na escola e na mídias.

O contexto da Região Norte

A escolha em fazer uma análise sociológica no contexto social da região Norte brasileira responde a preocupações teóricas e empíricas de observar as formas de articulação entre realidades socioculturais que convivem no Brasil do século XXI. A diversidade dos tempos históricos que se combinam neste contexto incorpora a cultura popular e oral que pouco ou nada tem de moderno; mas incorpora também efetivas relações sociais racionais e secularizadas que anunciam uma hibridação de cultura em desencontros de tempos, de ritmos e de possibilidades múltiplas de comportamentos.

Como diria Otavio Ianni (2003), "a verdade é que a história moderna e contemporânea se revela um imenso laboratório em movimento, no qual se experimentam todo o tempo identidades e alteridades, diversidades e desigualdades [...] Um vasto e complexo movimento de heterogêneos que se mesclam e opõem, tencionam e acomodam, reafirmam e transformam" (p. 109-110). Nesse sentido, este contexto, entre outros, configura-se como um ambiente social propício para investigações que tem como perspectiva a mescla de orientações nas maneiras de ser, agir e imaginar.

A decisão de pesquisar mais a fundo a região Norte do país, também responde a uma necessidade de dialogar e conhecer melhor esta parte do território nacional ainda pouco explorada do ponto de vista de sua cultura, de seus agentes e expectativas de vida. Ainda que muito presente em noticiários sobre sustentabilidade, ambientalismo e disputas de terra, pouco se sabe sobre a realidade dos seus segmentos médios e urbanos que foram beneficiados com os surtos de desenvolvimento local, entre eles a escolarização.

Escolher a região Norte também é um pretexto para se investigar a força de processos de escolarização e secularização em espaços em que uma diversidade de outras orientações de cultura há muito se fazem poderosas, como a religião, o compadrio, o mutualismo e o mercado de consumo. O Estado do Pará e seus 143 municípios bem como Santarém, sendo sua terceira maior cidade é o ambiente histórico a ser investigado.

Pertencente a um Estado em que grande parte do território apresenta baixa densidade demográfica, a cidade de Santarém destacava-se entre todas elas até os anos de 1960, perdendo seu posto para outros municípios da região já há alguns anos. Seguida de longe da capital, a cidade de Santarém, em 2012, apresentava 299.419 habitantes, numa área de 22.887 m². É um município localizado na confluência de dois grandes rios, o Amazonas e o Tapajós, na micro região do médio Amazonas paraense, distando 710 km em linha reta da capital do Estado. O município estabelece quase uma ponte aérea com as duas maiores cidades da região – Manaus e Belém, pois em menos de uma hora, chega-se de avião a qualquer uma delas [5].

Segundo pesquisadores locais a cidade vem perdendo importância regional em termos populacionais e econômicos embora seu crescimento demográfico seja maior que sua capacidade de gestão e atendimento. Em 2007, apenas 31 mil pessoas no município estavam oficialmente ocupadas, com um rendimento médio de dois salários mínimos ao mês (um pouco mais de mil reais). Ainda de acordo com esta mesma fonte, quando se divide a riqueza total do município pelos seus habitantes, o resultado é um PIB per capita pequeno (R$ 5.754) o que sinalizaria a atração de uma população com baixa qualidade funcional (PINTO, 2011a). Santarém se constitui de cinco distritos sendo um deles a vila de Alter do Chão, o único ligado à cidade por uma estrada totalmente asfaltada.

---

5   O Estado do Pará possui 7.581.051 habitantes e apresenta uma população de 2.255.030 em idade escolar. 88,7% de suas crianças de 4 a 17 anos estão sendo atendidas pela escola. 23,4% de seus alunos possuem mais de dois anos de atraso escolar (Anuário Brasileiro de Educação Básica, 2012).

A posição geográfica em que se encontra Santarém parece ter favorecido seu crescimento de cidade de médio porte. Entre duas grandes capitais da Amazônia, Manaus e Belém, na confluência de dois grandes rios, altamente navegáveis, rio Amazonas e rio Tapajós, Santarém sempre foi um entreposto comercial de amplitude regional[6]. O município, em 2007, estava em décimo lugar em termos de PIB industrial, destacando-se apenas no setor primário, ocupando o segundo lugar, sobretudo devido à sua atividade na agropecuária, no cultivo da soja, arroz e pesca. Por fim, o empenho científico sobre o uso da floresta é incentivado ainda que não tenha chegado a sensibilizar as praticas produtivas locais (PINTO, 2001a).

O Estado do Pará destaca-se junto com seu vizinho Amazonas por possuir as maiores reservas de água do planeta. Grande parte dos aglomerados populacionais, vilas ou municípios construíram ao longo de sua história uma civilização fluvial. A cidade de Santarém segue esta tradição. O homem santareno[7], sua cultura, história bem como seu universo de símbolos se definiram e se definem em função das águas. Se em outras regiões o clima é representado pelo frio ou pelo calor, no Pará, e em Santarém são as águas das chuvas e dos rios, as enchentes e as vazantes, que delimitam as atividades do trabalho, o cotidiano e certamente as representações sobre o mundo de sua população (MONTEIRO, 1983). É rotineiro o comentário do nível e as estações das águas, as dificuldades que elas encerram para o prosseguimento da vida, o movimento das atividades de serviço e turismo local bem como para ajustes de planos e expectativas ao sabor de uma natureza imprevisível. A grandiosidade dos efeitos das águas e dos seus poderes na gestão das vidas ribeirinhas do vale do Tapajós são aspectos que podem auxiliar a compreensão da resignação de parcelas de sua população[8].

---

6   Desde a década de 1960, um grupo de políticos planeja a divisão do estado do Pará e certamente a capital do futuro estado do Tapajós será Santarém.
7   Também conhecido como mocorongo.
8   Joaquim Godinho, pernambucano de 54 anos, há mais de 20 anos na Amazônia, trabalha como capataz de fazenda. Acha que as enchentes são um castigo de Deus. "Ele provoca elas para mostrar que pode muito mais que nós" (PINTO, 2011, p. 31).

Neste contexto, os contatos com o modo e um estilo de vida dos grandes centros urbanos são relativamente restritos. Ainda que nos anos 1960/70 tenha se investido na construção de rodovias como a Transamazônica e a Santarém-Cuiabá, ou nos governos militares grandes projetos hidrelétricos, siderúrgicos e de extração de minérios tenham sido prioridade federal, ou mesmo mais recentemente, nos anos 1980/1990 incorporações multinacionais agrícolas e da pecuária tenham se instalado na região, observa-se um estilo de vida preso a uma economia rural. Movimentos migratórios de nordestinos, estimulados pelo governo federal nos anos de 1970, espontâneos nos anos de 1980 e fluxos populacionais do sul, nos anos 1990 em diante, fazem com que aos poucos as administrações municipal, estadual e federal percam o controle dos processos de reestruturação local. É visível a fraqueza das instituições na gestão dos conflitos internos possibilitando a emergência do fortalecimento dos interesses da iniciativa privada (nacionais e internacionais) na condução dos processos de desenvolvimento local (LOUREIRO, 2010). Neste aspecto, vale lembrar que o uso tecnológico intenso em algumas destas atividades não possibilitou ainda a consolidação de um sistema de ensino formador de quadros. A imigração de pessoal qualificado foi e parece continuar sendo a estratégia mais utilizada.

Por outro lado, o desenvolvimento do agronegócio, e seus desdobramentos nos setores do comércio, da pequena indústria bem como as atividades do setor de serviços transformaram o perfil da população de Santarém ao longo destes anos. O município parece encontrar aí sua vocação, estando entre as quatro cidades nesse setor, atrás apenas de Belém, Ananindeua e Marabá. Neste quadro de novas demandas e antigas expectativas de crescimento local a escola passou a ser uma evidente necessidade. O êxodo rural se fez presente, trazendo uma população com esperanças de uma vida citadina. Desta forma, seria de se esperar que a escola desde os anos 1960 do século passado, representasse uma promessa de futuro melhor, ou seja, um espaço de socialização e controle familiar frente aos desafios do universo urbano (COLLARES, 2003; PINTO, 2011a). Segundo a bibliografia, o período de maior pressão por vagas na rede pública de ensino ao longo dos governos militares, em Santarém, coincide com a fase do milagre econômico brasileiro. É notável o aumento da população urbana entre os anos 1960 e 1970, ou seja, nesse período observa-se um crescimento populacional extraordinário de 24.500 para 51.000 habitantes. Na década de 1970 intensifica-se a inversão populacional da zona rural para a urbana registrando-se nos anos 1980 uma população de 191.950 habitantes. Em 2000, o número expressivo de 262.538 é alcançado e dez anos depois, 2010, chega-se a quase 295.000. Em 2014 espera-se alcançar 370 mil habitantes. Crescimento comum na região, proveniente de movimentos migratórios, bem como de esperanças de desenvolvimento em função da expansão da fronteira agrícola da soja e exploração dos minérios na forma de *commodities* (LOUREIRO, 2010). Em síntese, dados que atestam dinamismo e instabilidade que de certo modo passam a impactar lenta mais indelevelmente a vida cotidiana da população.

Não preparado para esta realidade, o atendimento escolar por parte da rede pública não está conseguindo acompanhar a demanda gerada tanto no ensino básico como superior ainda que se veja o afluxo de uma migração interessada nesse setor. Além do problema de falta de vagas, a localidade sempre sentiu a ausência de professores habilitados. Vale salientar, no entanto, que na década de 1960 a maioria dos alunos matriculados na zona urbana do município de Santarém encontrava-se na rede particular (55%), formada basicamente por escolas confessionais; na década de 1980 os números se invertem, pois assiste-se uma proporção bem maior (71%) de estudantes na rede pública. Segundo estudiosos locais o período dos anos 1980 foi o ápice das políticas desenvolvimentistas em Santarém (COLLARES, 2003, p. 80-86)[9].

---

9   Valeria ressaltar que os dados escolares da zona urbana podem estar superestimados dado que a eles são somados informações das escolas da zona rural.

Atualmente, com 505 escolas, 70% de sua população estão frequentando o Ensino Fundamental; em 32 estabelecimentos, 19,5% frequentam o Ensino Médio, e em 217 escolas de Ensino Pré-Escolar, 9,8% estão na Pré-Escola[10]. Hoje, Santarém oferece um corpo docente de 2.778 professores de ensino fundamental, 752 no ensino médio e 500 do ensino pré-escolar. Em meados dos anos 2000, entre os residentes de Santarém, grande parte, 115 mil pessoas (42%), tinham no máximo sete anos de estudo. Apenas 62 mil (23%) tiveram oportunidade de estudar mais de oito anos. Em 2009, enquanto 40,5% de jovens de 16 anos concluíram o Ensino Fundamental (EF) e 31,7% de jovens de 19 anos conseguiram o diploma de Ensino Médio (EM) no Estado do Pará, São Paulo registrava os percentuais de 79,6% de conclusão do EF e 68,3% de alunos concluintes no EM. Ou seja, no Pará, ainda que as taxas de matrícula no ensino básico tenham crescido significativamente, os dados configuram baixos níveis de escolaridade e a raridade da cultura escolar [11].

Não obstante, a rede universitária privada se expandiu expressivamente. Em 2005, registrou-se sete centros universitários, sendo duas universidades federais (*UFRA – Universidade Federal Rural da Amazônia, UFPA – Universidade Federal do Pará*), uma universidade estadual (*UEPA – Universidade Estadual do Pará*), e quatro privadas (*FIT – Faculdades Integradas do Tapajós, ULBRA – Instituto Luterano de Ensino Superior, IESPES – Instituto Esperança de Ensino Superior e, UVA – Universidade Vale do Acaraú*). A maior parte das matrículas se encontra na rede privada, num total de 77,6% (COLLARES, 2003). Hoje conta com doze universidades, duas federais, uma estadual e nove particulares garantindo o título de polo de desenvolvimento em

---

10 Estes dados referem-se à taxa líquida de escolarização, ou seja, numero de alunos na faixa etária adequada ao nível de ensino.
11 Anuário estatístico IBGE anos 2000. IBGE/MEC/ 2008/Ideb, 2009. Anuário Brasileiro de Educação Básica, 2012.

educação superior do oeste do Pará. Cursos profissionalizantes são oferecidos pelo SENAC, SENAI, SEBRAE, SESC, SESI e SENAR (Serviço de Aprendizagem Rural)[12].
Mesmo constituindo-se em polo urbano e em franca ampliação, esta cidade padece da ausência de esgotos, convive com uma higiene duvidosa até no ambiente hospitalar, sofre de faltas de verba para solucionar demandas sociais no quesito saúde, educação e moradia. Segundo alguns moradores, problemas vêm surgindo ou se agravando sem que a população e seus governantes tomem providencias de melhorias. Poucos da localidade discutem abertamente sobre o desmatamento local. Muitos apoiam os investimentos da *Cargill*, multinacional do ramo da produção e beneficiamento da soja, uma das maiores responsáveis pelo desmatamento das áreas circunvizinhas[13]. Em visita à localidade em 2013, teve-se a oportunidade de ouvir depoimentos que atestam a continuidade de conflitos e tensões relativas à produção de soja e a venda de madeiras de maneira ilegal. O transporte destes produtos muitas vezes é realizado à noite em estradas vicinais com conhecimento ou por certo anuência da população e autoridades locais.
A história da política da localidade acompanha a tradição brasileira de ser narrada por algumas famílias que permanecem se revezando na administração da região, tendo seus membros ora como prefeitos, vereadores, deputados federais, estaduais e ou senadores. Comprometida com o ideário nacionalista de Getúlio Vargas, marcada por forte envolvimento com os governos militares nos anos 1970 a 1990 e, mais recentemente, encerrando uma disputa entre PSDB e PT, as elites seguem no poder destacando-se nos últimos 20 anos as famílias Maia, Von e Martins.

---

12 Dados retirados do site da Prefeitura, em março de 2013.
13 Em matérias jornalísticas pode-se constatar conflitos derivados de uma estrutura fundiária em litígio e de uma economia de mercado que envolve, em muitos casos, o nome da empresa Cargill. "*Ação de Greenpeace contra Cargill acaba em confronto*", 20 de maio de 2006; "*Apenas 2,1% das multas ambientais aplicadas na Amazônia são pagas*", 25 de janeiro de 2006; "*Conflitos de terra revelam um País que não saiu do século 19*", 22 de janeiro de 2006, todos do jornal O Estado de São Paulo.

A cidade tem uma tradição antiga de receber estrangeiros. Desde sua fundação com a presença maciça de portugueses, tem uma dívida com missionários americanos, alemães, japoneses bem como imigrantes nordestinos e mais recentemente gaúchos. Contudo, nos últimos anos, um crescimento desordenado e sem planejamento proporciona o aumento constante da violência, tornando-se esse um tema polêmico entre todos. Decerto, com a expansão de novos negócios na região, com a abertura de áreas para o plantio e o asfaltamento quase integral da estrada BR-163 - Santarém\Cuiabá (antiga BR-165), e, sobretudo, o afluxo de pessoas *estrangeiras* à localidade os hábitos da cidade têm mudado.

Nos bairros periféricos o município observa a emergência de gangues que se rivalizam e que expõem a todos sua truculência. Andar só à noite é temerário. Em 2013, o noticiário local, relata assaltos nas ruas próximas às universidades ou nas ruas mal iluminadas como um acontecimento constante. Ainda segundo relatos na véspera do Natal de 2005, houve 25 ocorrências de esfaqueamento entre grupos rivais que acabou terminando em briga no próprio Pronto Socorro do único hospital da cidade. Circular de moto sem capacetes ou dirigir embriagado tornam as avenidas e estradas mais perigosas nos fins de semana. Sabe-se ainda de situações em que o uso de carros e motos por jovens sem habilitação é muito intenso. Sem ou com autorização dos pais é comum saber de pequenos acidentes entre eles e até imprevistos mais graves que acabam por trazer punição e ou ferimentos. Fatos que parecem expressar sintomas de uma vida urbana em expansão cuja fiscalização pouco preparada não corresponde à demanda da população em geral.

Com três portos, dois públicos que se dividem para embarcações de grande e pequeno porte, e um porto privado da empresa *Cargill*, a margem do Rio Tapajós vem aos poucos afastando os banhistas tradicionais. A entrada de grandes transatlânticos em sua orla vem aumentando a cada ano, sendo esperado em 2013 a visita de um milhão de turistas provenientes de Belém [14]. Em função disso a prática da pescaria e banhos de rio estão cada vez mais sendo abandonados pela população que assume hábitos mais urbanos. O número de barracas que vendia tacacás nas esquinas da cidade está diminuindo, sendo elas substituídas gradualmente por lanchonetes, pizzarias e restaurantes por quilo. Outro dado importante que ajuda a caracterizar culturalmente a cidade é a presença maciça de *Lan Houses* e vídeo locadoras. O uso da Internet parece ser muito disseminado. Por outro lado a cidade tem poucas livrarias sendo que a vendagem de livros de literatura parece ser secundária na maioria delas. A exposição de material de papelaria, livros didáticos e religiosos é enfatizada. A cidade conta com uma biblioteca pública, recém-reformada a partir de investimentos da empresa *Cargill*. Bancas de jornal são raras e os jornais da cidade são semanais e não diários. Com uma história cultural bastante prestigiada por seus antigos moradores, hoje parte deles se recente da perda de identidade cultural do município. Surtos de desenvolvimento que não deixam frutos duradouros, um modelo desenvolvimentista pouco preocupado com a distribuição mais igualitária dos lucros bem como a falta de planejamento dos últimos governos municipal, estadual e federal, são aspectos do descontentamento de sua elite cultural[15]. A cidade possui apenas duas salas de cinema abertas recentemente com a inauguração de um Shopping Center – de nome *Paraíso*. Shows musicais são promovidos pelos Clubes da cidade. Em matéria de entretenimento cultural, valeria um último comentário. Se no ano de 2006, observaram-se apenas shows de bandas e grupos musicais da localidade, agora, em 2013, o sertanejo Michel Teló garantiu sua presença sinalizando certamente uma população mais globalizada em matéria de lazer bem como disposta a pagar por ele.

---

14   Dados da *Revista Via Amazônia* – matéria denominada Santarém na rota dos grandes Transatlânticos Internacionais – a cidade de Santarém no Oeste paraense está entre os destinos mais procurados pelos cruzeiros que visitam o Brasil. Janeiro/Março, 2013:p. 14)

15   É frequente a leitura na imprensa local matérias que reivindicam uma maior atenção às demandas sociais de sua população.

O Distrito de Alter do Chão

Atualmente, Alter do Chão é um dos distritos do município de Santarém e está localizado a 34 km do centro da cidade pela rodovia Everaldo Martins e a três horas de viagem por via fluvial. Alter do Chão é o distrito mais antigo e mais famoso da região. Sua população está calculada em torno de 5.000 pessoas, na vila e bairros periféricos, e sua economia é baseada em atividades agrícolas, em pequena escala, tais como arroz, milho, feijão, mandioca, assim como pesca e extração do látex. Mais recentemente, seu potencial turístico tem movimentado uma intensa atividade econômica. Alter do Chão é considerada oficialmente como zona rural. Em início de 1980 foi aberta a estrada que liga Alter do Chão a Santarém, e apenas em 1989/1990 ela foi asfaltada. Em 1983 foi instalado o primeiro poste de luz elétrica no distrito. Até então a energia local era na forma de geradores, entre 18 e 21hs.

A vila apresenta atualmente poucas ruas asfaltadas, duas praças, a Central e a do Çairé[16], um terminal rodoviário inaugurado em agosto de 2005, um posto de saúde, um cemitério, um porto fluvial, muitas pousadas, com capacidade de aproximadamente 500 leitos e um comércio que vive em função de um turismo de fim de semana da população de Santarém. Os mais abastados da região possuem aqui suas casas de veraneio, mas a vila conta também com uma participação significativa de turistas que se deslocam de ônibus ou de carro particular. Balneário internacionalmente famoso constando no Guia *Lonely Planet* e nos doze roteiros turísticos da Embratur, Alter do Chão recebe a visita intermitente de estrangeiros de fora e do sul e norte do país.

---

16 Festa regional conhecida por toda a região do médio, alto e baixo Amazonas. Festa de caráter folclórico que se alimenta de tradições religiosas, indígenas e portuguesas. Ocorre todo mês de setembro com apoio da coletividade e mais recentemente dos governos municipal e estadual.

Conta com apenas uma escola municipal de ensino fundamental, Prof. Antonio de Souza Pedroso e uma escola de ensino infantil e fundamental denominada Escola Sagrado Coração de Jesus. Ainda que Alter do Chão não ofereça oficialmente o ensino médio, atualmente a Escola Municipal Dom Macedo Costa e a Escola Prof. Antonio de Souza Pedroso, acolhem algumas turmas desse nível como anexo da Escola Estadual Dom Tiago Ryan, de Santarém. A região também conta com um espaço denominado *Escola da Floresta* com o projeto de trabalhar em parceria com instituições do município tendo como perspectiva a difusão de uma educação ambiental e sustentável. Com uma escola de ensino integral do campo, denominada Escola Municipal Fundamental Dorothy Mae Stang o município parece investir em uma nova modalidade educativa, ainda pouco avaliada e em fase de implantação. Segundo polêmica entre a atual e anterior Secretárias da Educação de Santarém, duas outras escolas com o mesmo formato estariam prestes a entrar em funcionamento.

Alter do Chão não possui banca de jornal e há dois anos abriu sua primeira farmácia. Um assunto frequente entre todos é o aumento da violência e a dificuldade que as famílias e a comunidade vêm passando com o afluxo frequente de moradores de outras vilas ribeirinhas, jovens e estrangeiros de outras localidades do país e do mundo. Alguns pequenos povoados como Maraí, no vale do Tapajós, praticamente desapareceram, pois suas famílias vieram ali residir na busca por melhores condições de vida. Existe uma tensão a respeito da inserção de Alter no circuito do turismo nacional e estrangeiro. A comunidade local ainda que venha ganhando com o aumento do número de empregos e com o crescimento da circulação de dinheiro, estão sentido em suas famílias e em especial, nos jovens, o lado negativo do avanço de uma economia de mercado.

O contato com gente de fora, ainda que favoreça a circulação de valores modernos levando a muitos a procurar alcançar melhores níveis de escolaridade e aumentar potencialmente a qualidade de vida de suas famílias, introduz novos valores contribuindo também para que parte da população da vila, despreparada para acompanhar o desenvolvimento proporcionado, acabe por ser atraída para a marginalidade. Violência publica e privada, nas ruas mais afastadas do centro da vila ou no interior das famílias, drogas, gravidez precoce entre as jovens com parceiros de fora ou da comunidade, parecem ser, segundo alguns moradores, os principais problemas que assolam a comunidade de Alter neste início de século.

Seus líderes estão cientes e preocupados. Tentam, através de suas associações e escolas, promover o debate, estabelecer regras de convívio, punições etc., a fim de tornarem os problemas solucionáveis. Tenta-se ainda na escola, chamar os pais para discutirem medidas a serem tomadas frente a problemas de disciplina, que vem aumentando assustadoramente. O que se observou, contudo, entre os mais velhos, é que as famílias parecem não estar dando conta de resolver a questão educativa de seus filhos, atribuindo à escola este papel. Segundo relato da vice-diretora da escola municipal de ensino fundamental, os pais estão pouco preparados para exercerem a função de parceiros da escola. Embora muitos se preocupem, poucos são os que efetivamente possuem tempo, perfil e condições culturais para se envolver nos desafios que a educação em tempos modernos está impondo para as famílias de Alter do Chão.

Uma das questões mais importante na condição cultural da população na localidade é a proximidade com a necessidade de sobrevivência que beira a quase completa improvisação e ou uma multiplicidade de atividades laborais obedecendo a sazonalidade e as oportunidades do momento. Embora todos digam que aquele que queira trabalhar encontra um emprego (um discurso que se escuta da boca da maioria dos comerciantes já estabelecidos), muitos por não terem preparo e ou qualificação acabam por passar privações.

though
CAPÍTULO UM

SOCIABILIDADE JUVENIL E CONTROLE DOS PARES

O trabalho do cientista social é próximo ao do artesão. Demanda tempo, abstração e contemplação. A construção dos nexos entre as partes aparentemente díspares e distantes exige um olhar atento, uma perspectiva com foco. No caso específico da sociologia, a complexidade derivada da diversidade das dimensões estruturais e simbólicas do mundo social torna-se por vezes obscura em função dos imponderáveis da ação e da criação dos sentidos dos sujeitos sociais. Dessa forma, a primeira tarefa que se impõe àquele que se propõe a dissertar sobre algum aspecto de um fenômeno social, como, por exemplo, a sociabilidade do jovem, é tentar tal como um artista sensibilizar seu receptor por meio de mediações estéticas e conceituais. Isto é, a partir de inquietações e/ou de estímulos prévios, apropriar-se de conhecimentos já levantados e através deles reconstruí-los, a fim de torná-los inteligíveis do ponto de vista da teoria científica.

O compromisso aqui é com a sociologia e a partir dela será desenvolvida uma narrativa sobre as experiências de formação dos jovens. Apoiando-se em uma perspectiva relacional de análise, trabalhar-se-á com a intenção de indicar aspectos importantes que a bibliografia recente vem se debruçando sobre o problema em questão. Assim, servirão de base algumas noções já concebidas acerca das instituições socializadoras família e escola, a fim de tecer possíveis desdobramentos, relacionando-as com a importância das mídias no consumo e na formação da sociabilidade jovem (SETTON, 2002, 2005).

Julga-se que metodologicamente a formação do jovem e, como decorrência, sua sociabilidade entre os pares e com as mídias deve ser compreendida a partir de uma perspectiva dialética e, notadamente, com o apoio do conceito forjado por Marcel Mauss – o conceito de *fenômeno social total* (SETTON, 2009a). Trabalhando com as relações de interdependência entre as matrizes de cultura, família, religião, escola, mídia bem como acrescentando as formas de socialização entre os pares, a hipótese de circunscrever os processos socializadores a partir desse conceito parece ser a forma mais adequada, pois ele permite ver os processos sociais vividos pelos jovens em todas as dimensões, ou seja, a dimensão econômica, política, religiosa, cultural, moral e estética, entre outras. Além disso, o conceito de *fenômeno social total* permite ver o processo socializador como uma negociação contínua, uma via de mão dupla, em que a participação do jovem e as instituições sociais mantêm tensas e intensas relações simbólicas de reciprocidade.

Vale salientar que não se trata de um exercício de erudição acadêmica, mas de uma construção reflexiva que ajuda também a circunscrever as instituições formadoras numa perspectiva dialógica tendo como eixo central a participação do jovem em seu processo educativo. Mais do que isso, auxilia-nos a pensar essas instâncias responsáveis pela formação de um *habitus*, sistema de disposições, tal como apontado por Pierre Bourdieu. No entanto, diferente das colocações desse autor, é realçado o processo de socialização das formações atuais como sendo um espaço plural de múltiplas referências identitárias. Ou seja, a modernidade caracteriza-se por oferecer um ambiente social em que o jovem encontra condições de forjar um sistema de referências familiar, religiosa, escolar e midiática (entre outras), um sistema de esquemas coerente, no entanto, híbrido e fragmentado. Embora se saiba que no contexto moderno cada uma das instâncias formadoras desenvolva campos específicos de atuação, lógicas, valores éticos e morais distintos, considera-se ainda que são os próprios jovens e ou os indivíduos que tecem as redes de sentido que os unificam em suas experiências de socialização. É o indivíduo quem tem a capacidade de articular as múltiplas referências propostas ao longo de sua trajetória. É ele o sujeito da unidade social na qual se podem efetivar diferentes sentidos de ações, estas últimas derivadas das suas múltiplas esferas de existência. Nele cruzam-se e interagem sentidos particulares e diferentes [17].

Assim sendo, opta-se por uma perspectiva sociológica. Ou seja, busca-se a relação dialética entre indivíduo e sociedade e procura-se uma forma de interpretar as ações sociais, as práticas coletivas, com base em uma troca incessante entre as duas faces de uma mesma realidade (o indivíduo e suas matrizes sociais de cultura). Analisando o processo de socialização considerando a articulação das ações educativas de várias instâncias produtoras de bens simbólicos, pretende-se compreender os jogos da reciprocidade, interação e sociabilidade estabelecidos pelos jovens. Em outras palavras, busca-se apreender a dinâmica do campo da socialização e, como decorrência, o campo das sociabilidades entre os jovens na contemporaneidade.

Trabalha-se pois com a hipótese da existência de vários modelos de articulação entre as matrizes de sentido responsáveis pela formação de sujeitos sociais singulares. Assim sendo, cabe perguntar, qual o papel de cada uma dessas instâncias na vida dos jovens? Quais os pontos de ruptura ou convergência entre elas que ampliariam outras frentes de sociabilidade?

Ao considerar a socialização e suas formas de sociabilidade como um *fato social total*, a intenção não é apropriar-se da noção de Mauss (1974) de forma mecânica e linear. Ao contrário, o interesse é apropriar-se deste conceito como uma

---

17 As noções de indivíduo, sujeito e agente social são usadas como sinônimos, ainda que se tenha consciência das distinções teóricas dadas pela sociologia e pela filosofia.

inspiração de análise, inspiração que ajude a pensar a socialização e as sociabilidades delas decorrentes como fenômenos generalizados, práticas que implicam necessariamente uma troca, uma reciprocidade, ainda que tensa e, às vezes, em forma de luta. Fenômenos que envolvem a todos – indivíduos e instituições – e, para que se realizem, se manifestam nas dimensões econômica (origem social), política (posição ideológica), religiosa (crença) e estética (gosto) na vida de todos nós. Conforme lembra Mauss (1974), depois de um tanto forçadamente haver dividido e abstraído sobre algumas das matrizes de cultura, é preciso que os sociólogos se empenhem em recompor o todo.

As instituições de controle social

Embora os estudos sobre a problemática da socialização familiar e, mais especificamente, sobre seu papel no escopo das mudanças relativas à sociabilidade jovem sejam extremamente importantes no campo da sociologia da educação, é possível afirmar que ainda temos pela frente um universo imenso a explorar.

Nesse sentido, vale salientar que até os anos de 1960, a sociologia refletiu sobre as instituições família e escola, sobretudo como duas instituições separadas, não antagônicas, é claro, mas cada uma tendo uma função, assumindo papéis complementares no controle e na socialização dos indivíduos. De um lado, a família como espaço de afeto, espaço privado, responsável por um patrimônio e uma herança cultural de base. De outro, a escola como espaço público de formação, educação moral e profissional dos indivíduos. Instituições de socialização e de controle, coerentes, ambas investindo em um projeto integrado, voltado para o desenvolvimento do sistema social (DURKHEIM, 1978).

Seria importante ressaltar ainda que no Brasil e no interior das Ciências Sociais, a grande maioria dos trabalhos sobre família concentrou-se nos anos de 1980 e de 1990. Inquietações relativas às transformações em sua organização interna, discussões sobre o papel social de seus membros, bem como as funções socializadoras que exercem, chamam a atenção para um período de redefinição de sua importância em alguns aspectos relativos às formas de controle social que impõe as novas gerações (SETTON, 2009b).

Ademais, é forçoso salientar que em recente pesquisa sobre juventude, no banco de teses da Capes (1999-2006), nas áreas das Ciências Sociais, Educação e Serviço Social, num total de aproximadamente 1.290 trabalhos, pôde-se verificar que apenas 16 delas se ocuparam exclusivamente da instituição familiar. É como se sua importância há muito assinalada construísse uma percepção de esgotamento entre os pesquisadores. Mais especialmente na área da Educação, a maioria dos estudiosos se debruça na realização e na definição das múltiplas conexões que ela pode desenvolver com sua grande parceira, a escola (SPOSITO, 2009; SETTON, 2009 b).

Contudo, em meados do século passado, nos países ocidentais e desenvolvidos, com o crescimento de um mercado de cultura, pode-se visualizar uma nova configuração sociocultural. Em poucos anos, a sociedade moderna ver-se--ia imersa em uma realidade cultural desconhecida até então. Surge timidamente, mas aos poucos se consolida um mercado difusor de informações e de entretenimento com forte caráter socializador. Ou seja, chama-se a atenção para o surgimento de outra instituição uma nova matriz de valores que passou a se denominada *cultura de massa*. Com toda sua diversidade, aparato tecnológico e capacidade de publicizar conselhos e estilos de vida, a *cultura de massa* difunde uma série de valores societários. O mercado de cultura midiática partilhará, de agora em diante, junto com a família e a escola, uma responsabilidade socializadora (MORIN, 1984; SETTON, 2002). Nesse contexto, é forçoso considerar uma nova articulação entre as agências educativas. Família, religião e escola, tradicionalmente instituições com o monopólio da formação de personalidades e do controle social, aos poucos se fragilizam na função de construir disposições de uma moral cultural, perdendo espaço para as referências derivadas das mídias.

Dessa forma, seria importante perguntar: quais as implicações na esfera da sociabilidade jovem tendo como base a perda do controle parental e escolar e a emergência de um consumo midiático? Quais os elementos que ajudariam a formalizar um entendimento sobre a fragilização dos valores culturais de herança parental e escolar e a sociabilidade jovem? Crê-se que um dos fatores de fundamental importância se encontra nos aspectos relativos à consolidação de novas autoridades sociais e à interdependência entre autoridades provenientes de distintas matrizes de cultura.

Nesse contexto de transformação, a bibliografia da área (GIDDENS, 1991; PASQUIER, 2005) afirma que as maneiras de controle nos domínios familiar e escolar como formas e respostas a um tipo de tradição vêm sendo questionadas. Assim sendo, caberia examinar também os alcances e limites de suas formas de controle. Aliás, os jovens não estando tão intensamente sujeitos às influências familiares e escolares estariam construindo brechas libertárias em suas experiências de socialização e sociabilidade, estariam vivendo um momento historicamente propício para uma autonomia reflexiva?

Partindo desse argumento, julga-se importante avançar de maneira mais apurada em formas de controle social pouco investigadas, isto é, às relativas aos grupos de pares, aquelas que Dominique Pasquier (2005) denominou *tirania da maioria*.

Elementos estruturais da nova configuração cultural

Anthony Giddens (1991) ajuda-nos a pensar acerca das profundas transformações de caráter institucional vividas nas sociedades contemporâneas. Mais especificamente, para ele, a separação entre *tempo* e *espaço* é crucial para o extremo dinamismo das sociedades, pois ela é responsável pelo deslocamento das relações sociais de contextos locais de interação. É consenso que tal dinamismo é proveniente, sobretudo, do avanço da mediação tecnológica em nossa vida material e simbólica. Vivemos em um mundo *descontextualizado*, cujos espaços de convivência não se reduzem ao aqui e ao agora. Nesse cenário, as noções de autoridade e confiança são reformuladas. Para Giddens, a tendência de se ponderar sobre os múltiplos sistemas de referência, devido ao acesso fácil que temos a eles, é uma questão que se impõe (GIDDENS, 1991).

Em síntese, seria possível afirmar que a variedade de instituições com competência e poderes distintos, a acentuada circulação de modelos de conduta, bem como a redução das funções das instituições tradicionais da educação contribuem para a construção de identidades mais reflexivas. Ou seja, sendo múltiplas as versões dos fenômenos que nos rodeiam, o cenário das discussões, críticas e controvérsias se potencializariam.

Para Giddens (1991), o caráter transitório dos conhecimentos, dos saberes e das legitimidades é um dos elementos--chave para as problematizações acerca das autoridades e das formas de controle dos valores societários. Os conhecimentos solidamente construídos passam a ser questionados. O caráter transitório dos saberes derivados das distintas instituições deixa espaço para uma maior liberdade de ação dos indivíduos. Tudo leva a crer que o desenvolvimento da esfera da *reflexividade* amplia-se e torna-se um importante componente para se pensar as mediações e as negociações de valores e controle entre as gerações[18]. Em outras palavras, não se sanciona uma regra do comportamento, não se obedece a uma autoridade por ser tradicional. As autoridades, sejam elas da tradição ou não, só se justificam à luz de sua razoabilidade ou poder coercitivo. Assim, o impacto das forças da modernidade contribui para repensar as relações institucionais, os poderes e as

---

18   A respeito do aumento da capacidade reflexiva no mundo contemporâneo, consultar também Dubet (1996) e Martuccelli (2002).

formas de controle dos mais velhos e a negociação/autonomia dos mais jovens. Em síntese, a reestruturação institucional e cultural pela qual passam as agências socializadoras força-nos a repensar as relações entre adultos e jovens. Auxiliando nessa discussão, a contribuição de Dominique Pasquier, em *Cultures lycéennes: la tyrannie de la majorité* (2005), é bastante interessante, pois laça uma série de questionamentos relativos à sociabilidade dos jovens e as relações que mantêm com seus pares. Para ela, podemos entender as relações institucionais familiares e a forma de controle entre as gerações a partir do consumo das mídias e das práticas de cultura entre os jovens. Pode-se compreender o jovem em relação ao mundo adulto com base na análise das maneiras como se relacionam com as novas mídias, como, por exemplo, o celular, os *chats*, os *blogs* etc. Pasquier é sensível a um conjunto de situações e estratégias na sociabilidade jovem em que o grupo ou a força coletiva dos pares passa a ser mais forte do que os valores transmitidos pela família ou pela escola. Sua discussão alimenta reflexões sobre os limites do poder e do controle da autoridade familiar na transmissão de um capital cultural de herança e a emergência de outras formas de controle e autoridade social, independente da condição de classe vivida pelo jovem. Ademais, introduz o leitor a um novo e particular universo de pesquisas sobre as novas mídias e as novas formas de integração desse segmento social.

A força dos lazeres realizados pelos grupos de pares, a intensa sociabilidade do segmento, bem como a crescente autonomia dos jovens na escolha de suas práticas de cultura são também uma tendência apontada por Olivier Donnat (2003), O. Donnat & P. Tolila, (2003a) e Philipe Coulangeon (2003 a, 2003 b, 2007). Para esses autores, os lazeres individualizados, a fragilização das normas familiares na constituição do gosto jovem, a importância da escola como espaço de sociabilidade que reúne cotidianamente esse grupo etário e a pressão correspondente do grupo de pares em relação a seus membros são aspectos relevantes para a questão que deve ser pensada relacionalmente.

Perguntando-se sobre as mudanças das práticas de cultura entre os jovens, Pasquier permite verificar que as relações intrageracionais parecem mais determinantes do que a origem social ou a escolaridade nas determinações de um gosto cultural estreitamente relacionado com a cultura das mídias. Nesse sentido, a transmissão de cultura, as formas de controle cultural passam por uma série de transformações em que a massificação escolar, as relações parentais, o poder das mídias, juntamente com a força dos grupos de pares, são elementos intensamente relacionados.

Como resultado desse conjunto de mudanças, cresce simultaneamente a força dos grupos juvenis e a sociabilidade entre eles, ambas envolvidas com a cultura das mídias. Todo um novo universo de regras, normas, valores e marcadores hierárquicos passam a comandar e permear as relações internas entre os grupos juvenis. Todos sabem como se comportar, como se vestir, o quê escutar ou assistir, sob pena de se sentirem marginalizados da cultura jovem. A cultura culta, muitas vezes derivada da família e/ou da escola, e/ou mesmo a tradição popular podem ser vistas como coisa de burguês, de *Nerd*, intelectual ou pobre. O importante é estar sintonizado com o grupo.

Para os estudiosos do tema, a cultura culta pode auxiliar no rendimento escolar, mas não na hierarquia de distinção entre os membros do grupo de pares. Valorizam-se mais as atividades que estabelecem a comunicação e a sociabilidade entre eles, atividades que pautam a conversa, o último vídeo no *Youtube*, a última música, o seriado, a partida de esporte (DONNAT, 2003, DONNAT; TOLILA, 2003a; COULANGEON, 2003a; 2003b, 2007; PASQUIER, 2005).

Nesse sentido, é fácil compreender que o hábito da leitura de livros perde espaço, pois é uma atividade lenta, isolada, de difícil conexão com os pares. Observa-se o prestígio da cultura das ruas, a cultura popular do espetáculo, o culto e o uso pelas tecnologias, muito favorecidas pelas mídias e que remetem a um forte apelo de pertencimento e distinção interna entre eles. É forçoso observar, portanto, as mudanças de *status* das autoridades e as formas de controle das instituições tradicionais de cultura. A escola e a família parecem apenas tangenciar esse jogo de reciprocidades simbólicas produzido entre os jovens (SETTON, 2009 b).

Em outras palavras, reestruturação institucional e novas autoridades de cultura surgem construindo uma reorganização nas formas de controle cultural. Professores e escolas perdem espaço ao assegurar suas forças estatutárias. Fragiliza-se a função socializadora das famílias ao mesmo tempo em que se reforçam os poderes estatutários das mídias e do grupo de pares.

Como síntese, poderíamos então afirmar que a fragilidade das autoridades tradicionais levaria a uma maior autonomia dos jovens? Ou mesmo poderíamos considerar que vivemos em tempo de maior liberdade para a juventude? Ou estariam eles vivenciando outras formas de controle social?

Julga-se que, como todo conceito, a noção de *sociabilidade* é um instrumento tanto teórico quanto histórico. Isto é, ele deve ser posto à prova. Seguindo os aconselhamentos de larga tradição sociológica, deveríamos fazer da teoria uma hipótese a se investigar (BOURDIEU, 1999). Deveríamos, pois, pôr à prova a definição do conceito e submetê-lo a uma realidade empírica. Ou seja, todas as formas de sociabilidade deveriam ser vistas como benéficas e isentas de interesse e controle social? Todos se beneficiariam igualmente da comunidade de espírito desenvolvida pelos grupos juvenis ou deveríamos observar o lado sombrio de uma tirania oculta, imperceptível e pouco evidente que se tece no interior da sociabilidade jovem atravessada ou não pela cultura midiática?

Considera-se que a questão é complexa e os limites deste artigo não permitem que se alongue mais. Segundo esse argumento, a autonomia e a reflexividade conquistadas em condições de modernidade não são apenas questões abstratas. Ao contrário, ambas possuem profundas conexões com o universo das condições de possibilidade historicamente dadas.

O estudo sistemático de novas condições de socialização na modernidade impõe pensar a circulação de um registro cultural a outro, destacando a pluralidade das matrizes com os quais os jovens têm de compor seu repertório cultural. Mais do que isso, a sociabilidade jovem na modernidade impõe pensar um processo amplo de socialização entre pares atravessados por bens culturais disponibilizados por um mercado de cultura. Não obstante, concordando com Renato Ortiz (1994), a modernidade traz em seu bojo novas formas de controle, novas hierarquias de gostos e de inclinações estéticas. A modernidade midiática e o lado sombrio da sociabilidade jovem – ou a coerção do grupo de pares – podem encerrar difusas formas de poder entre aqueles que advogam a liberdade e a autonomia.

Abre-se, portanto, o escopo de um amplo leque de investigações sobre a sociológica do poder entre os segmentos jovens. Pela experiência de pesquisa acumulada, seria possível afirmar que as reflexões acerca dos processos socializadores conferem um campo que muito pode contribuir neste debate (SETTON, 2009b).

E, nesse sentido, voltaria ao argumento do início do texto. Isto é, no caso específico das investigações de ordem sociológica, a complexidade derivada da diversidade das dimensões estruturais e simbólicas do mundo social torna-se, por vezes, obscura, em função dos imponderáveis da ação e da criação dos sentidos dos sujeitos sociais. Isso posto, a sociabilidade jovem, através do consumo midiático, deveria ser pensada em sua ambiguidade constitutiva – ora oferecendo margens para a construção de uma identidade jovem autônoma, ora fortalecendo o controle e a tirania do grupo de pares.

CAPÍTULO DOIS

A FAMÍLIA E A RELIGIÃO ENTRE OS JOVENS DE SANTARÉM

O objetivo central deste artigo é descobrir as estruturas disposicionais que orientam as ações dos jovens, expressos em suas representações e discursos. É proceder a uma análise onde o invariável e o variável a essas estruturas, o que pertence a elas, se destaquem. A intenção é interpretar o que as práticas simbólicas têm a dizer sobre elas mesmas, ou seja, o papel das matrizes culturais/ disposicionais na vida dos jovens.

Procurar-se-á manter a análise das práticas e representações dos jovens estreitamente ligadas aos acontecimentos sociais e ocasiões concretas. Ou seja, considera-se que interpretar as dimensões simbólicas da ação social, valores familiares, escolares, religiosos e de convívio social, é preciso a todo tempo circunstanciá-los. Como diria Geertz (1978), o que é importante nesta pesquisa é sua especificidade complexa, sua circunstancialidade. É proceder, como ensinou uma larga tradição sociológica, a uma articulação entre convicções culturais\disposicionais e ações práticas.

Enfim, o que se propõe é apreender as estruturas de significação, as matrizes culturais/disposicionais verificando sua base social, sua importância, no campo das disputas entre o tradicional e/ou novo, o residual e/ou hegemônico (WILLIANS, 1979) nos discursos e práticas a respeito da família e da religião entre jovens de Santarém, Pará. Parte-se do pressuposto de que existe uma relação de coexistência tensa entre essas matrizes disposicionais, ora uma ora outra se apresentando como hegemônica ou dominante.

O interesse geral é desenvolver um entendimento sobre como as matrizes disposicionais de cultura – família, religião – se configuram em dois eixos analíticos. Mais precisamente, a) como estas instâncias coexistem em formações sociais ditas modernas ou tradicionais e b) como se articulam nos grupos com perfis econômicos e culturais distintos nestas diferentes localidades. Partindo da hipótese de que cada um dos grupos apresenta experiências socializadoras heterogêneas bem como suas instâncias vivenciam legitimidade e valorização também variadas, busca-se detectar e analisar as relações de interdependência entre elas em dois grupos de jovens com condições materiais e culturais de existência distintas. Ou seja, um grupo de jovens estudantes de uma escola pública e um grupo de estudantes de uma escola privada na cidade de Santarém. Assim a intenção é observar simultaneamente como se organizam estas matrizes de socialização em formações grupais econômica e culturalmente distintas.

Ainda sobre o contexto de pesquisa escolhido, baseando-me nas considerações de Pereira de Queiroz (1978) e Martins (2000), afirmaria que numa mesma formação global – a brasileira – os estilos de vida tradicional e/ou moderno poderiam ser concomitantes no tempo e no espaço. Ou seja, numa mesma formação social pode se encontrar arranjos heterogêneos de realidades, variando o grau de hegemonia de cada um deles, formando, portanto, a sociedade global brasileira, complexos sincréticos. Resta saber então qual o tipo dominante e de que forma interpenetra com os outros tipos. Mais especificamente, creio que as realidades menos desenvolvidas ou de economia rural como a cidade de Santarém nunca poderão ser estudadas por si mesma, mas devem ser encaradas como parte de um conjunto social mais amplo, do qual fazem parte, ou seja a sociedade brasileira. Penso também que admitir que uma cidade vive em um contexto urbano ou rural não quer dizer que a maioria de sua população encontra-se em uma localidade ou outra. Isto dependerá do grau de independência econômica e cultural, ou seja, do grau de industrialização e o estilo de vida que sua população usufruem. Considera-se que a cidade de Santarém poderia ser caracterizada com um modo de vida tradicional, rural e periférico pois configura-se como um centro político administrativo que organiza e domina a produção agrícola e extrativista, porém, por outro lado é inteiramente dominada e delimitada por este já que depende dele no que se refere ao seu abastecimento (PEREIRA DE QUEIROZ,1978). No que se refere ao estilo de vida de sua população jovem, os dados da pesquisa poderão ser úteis para uma real avaliação. Parte-se do pressuposto de que poderia ser caracterizado como tradicional, periférica e pouco letrada. Ou seja, as relações humanas são mais próximas, face a face, grupais, mais afetivas onde as instâncias família e religião são valorizadas e suas autoridades legitimadas. Sua economia é essencialmente agrária e sua população pouco escolarizada.

A "juventude" é apenas uma palavra[19]

Ao defrontar-se com os dados da pesquisa realizada em Santarém com a perspectiva de construir um texto interpretativo sobre a realidade dos jovens locais a primeira sensação foi de que estava analisando vidas que possuíam muito pouca coisa em comum. Ainda que um dos referenciais fosse a questão da *juventude*, não foi possível pensá los em grupo. As diferenças econômicas, culturais, étnicas, estéticas, as expectativas relativas a várias dimensões da vida cotidiana destes jovens induziram a refletir sobre uma das questões mais clássicas da sociologia. Ou seja, os condicionamentos de classe e os evidentes desdobramentos nas diferenças de condições materiais e espirituais de existência. Embora já se esperasse obter dados sobre realidades distintas os grupos estudados

---

[19] Nome de uma entrevista concedida por P. Bourdieu,em 1978, publicada no livro *Questões de Sociologia* (1983).

evidenciaram um fosso extremamente fundo responsável pela separação entre duas formas de vida quase incompatíveis. Isto é, poucos traços os uniam enquanto jovens. Mais diferenças do que semelhanças. Como abordar esta oposição sem cair nos chavões? Como interpretar as diferenças e semelhanças entre eles a partir de suas particularidades?

Relendo **A "juventude" é apenas uma palavra,** entrevista concedida por Pierre Bourdieu, em 1978, alguns caminhos interpretativos tornaram-se convidativos. Se anteriormente o entendimento apreendido pelo título da entrevista referia-se a uma preocupação teórica e analítica do autor, agora o título se oferecia como uma via excelente para se interpretar empiricamente a realidade com a qual se deparava.

Sim, de fato a "juventude" é apenas uma categoria sociológica. Ela nos ajuda a circunscrever um grupo que possui apenas algumas características biológicas mas como diria Bourdieu, "é por um formidável abuso de linguagem que se pode subsumir no mesmo conceito universos sociais que praticamente não possuem nada em comum.[...] Seria preciso pelo menos analisar as diferenças entre **as** juventudes, ou, para encurtar, entre as **duas** juventudes" (BOURDIEU, 198, p. 113-114).

Assim, seguindo essa orientação "poderíamos comparar sistematicamente as condições de vida, o mercado de trabalho, o orçamento do tempo, etc., dos "jovens" que já trabalham e dos adolescentes da mesma idade (biológica) que são estudantes: de um lado, as coerções do universo econômico real, apenas atenuadas pela solidariedade familiar; do outro, as facilidades de uma economia de assistidos quasi-lúdica, fundada na subvenção, com alimentação e moradia e preços baixos para teatro e cinema a preço reduzido, etc. [...] Assim, as "duas juventudes" não apresentam outra coisa que dois polos, dois extremos de um espaço de possibilidades oferecidas aos "jovens" (BOURDIEU, 1983, p. 113-114).

Partindo destas considerações decidiu-se interpretar as distintas experiências de ser jovem, dentro de um espaço social, a partir da estrutura e do volume do capital econômico e cultural que detêm. Ou seja, apropriando-se do esquema analítico de Bourdieu, consideraria que a sociedade na qual estes jovens realizam suas experiências pode ser compreendida a partir de um sistema estruturado por campos homólogos (grupos ou classes sociais) que possuem certa autonomia.

A estrutura social que constroem suas realidades cotidianas poderia ser vista como um sistema hierarquizado de poder e privilégio, determinado tanto pelas relações materiais como pelas relações culturais e simbólicas.

Assumiria então que a diferente localização dos grupos de jovens derivaria da desigual distribuição de recursos e poderes de cada um deles. Vale salientar que entende-se por recursos os volumes relativos ao capital econômico, capital cultural, capital social e capital simbólico.[20] Neste sentido, a posição que um determinado jovem ocupa nessa geografia do social é definida, então segundo a posição que esse mesmo jovem ocupa nos diferentes campos ou fontes de poder. Isto é, sua posição é definida de acordo com o volume e a composição de capital (econômico, cultural e social) adquirido e ou incorporado em sua trajetória de vida.

Noutras palavras, para apreender concretamente as interações objetivas entre os jovens pesquisados em Santarém e Alter do Chão, deve-se observar as relações entre as posições ocupadas por eles/suas famílias segundo uma distribuição de recursos. A partir das diferentes posições ocupadas no espaço social, a realidade estudada se apresentaria, objetivamente,

---

20 *Capital econômico* refere-se ao conjunto de posses de bens materiais ou renda. O *capital cultural* constitui-se de três formas: o estado *incorporado*, sob a forma de disposições duráveis do organismo; o estado *objetivado*, sob a forma de bens culturais; e o estado *institucionalizado*, sob a forma de diplomas e titulação. *Capital social* é o conjunto de recursos atuais e/ou potenciais que estão ligados à posse de uma rede durável de relações mais ou menos institucionalizadas de inter-reconhecimento e interconhecimento. E, por último, *capital simbólico*, geralmente chamado prestígio, reputação ou fama, nada mais é que a união dos outros tipos de capital ao se tornarem reconhecidos legitimamente (BOURDIEU,1979).

como um sistema simbólico organizado segundo a lógica da diferença. O espaço social funcionaria como um espaço dotado de sentido e formado por estilos de vida variados e seus respectivos grupos de *status*.

Construindo as localizações espaciais

Segundo esta perspectiva, seria necessário descrever estes grupos de jovens de maneira mais detalhada. Ou seja, vale ressaltar que a maior parte dos alunos do ensino médio que estudam no anexo da escola pública Dom Tiago Ryan, no distrito de Alter do Chão, em Santarém, são homens, 53% (45% são mulheres). Uma porcentagem alta, 40%, tem mais de 19 anos, bem distante da idade esperada para este nível de ensino. No entanto, 47% se encontram entre os 15 e 18 anos. Uma parcela pequena, mas não desprezível, já se encontra casada, 12% e, 18% já experimentam a realidade da paternidade. Portanto, configuram-se como jovens com trajetórias pouco lineares.

Bem mais da metade, 68% trabalham e desempenham atividades que não exigem muita qualificação, ou seja, desenvolvem atividades domésticas, serviços de manutenção e/ou limpeza. Em relação à renda auferida, parte deles, 30%, gasta com despesas pessoais e 33% participam do orçamento familiar. 38% de suas famílias dividem o orçamento com até cinco pessoas, contudo 27% têm que dividi-lo com seis e/ou até nove pessoas. 80% deles são pardos ou morenos. 45% de seus pais e 49% de suas mães ocupam cargos funcionais, trabalhadores com qualificação elementar.

Em relação à instrução de seus pais e mães, apenas 1% deles completou o nível superior e 4% tiveram acesso, mas não o terminaram. 51% de seus pais só frequentaram oito anos de estudos e 9% completaram o ensino médio. Em relação à suas mães, um pouco mais escolarizadas, 59% delas estudaram até a oitava série e 20% chegaram até o ensino médio (11% não completaram os três anos de curso).

Contudo, para os estudantes da escola privada, Dom Amando, em Santarém, encontramos uma realidade bastante diferente. Aqui as mulheres parecem ser maioria. 53% dos alunos são mulheres e 46% são homens. 95% se encontram na faixa etária adequada ao nível de ensino, ou seja, possuem entre 15 a 18 anos. 90% estão solteiros e 97% não têm filhos. 87% nunca passaram por uma experiência de reprovação escolar. 33% são brancos e 52% são pardos ou morenos.

Em relação às atividades fora da escola, diferentemente de seus colegas da escola pública, 92% não trabalham, só estudam. Os poucos que trabalham gastam a renda auferida com despesas pessoais. A renda familiar é dividida em até cinco pessoas, segundo 69% deles. No entanto, 20% declararam que o orçamento familiar é dividido com seis até 9 pessoas. 28% dos pais ocupam cargos de chefia, administração de serviços ou comércios de médio e grande porte e 12% com ocupações de nível técnico. Parecem ser pequenos empregadores ou empregados especialistas. Suas mães são donas de casa, 16%, ou desempenham igualmente como seus cônjuges cargos de chefia, administração de serviços ou comércio, 16%. Algumas são educadoras, 10% ou desempenham atividades de nível técnico, 10%.

Em relação à instrução, as mães dos alunos da escola privada parecem ser mais escolarizadas. 33% chegaram ao nível superior, mas apenas 18% obtiveram diploma de conclusão, 36% estudaram até o ensino médio enquanto que apenas 32% dos pais chegaram até este nível de ensino; 30 % chegaram a frequentar cursos universitários, sendo que somente a metade chegou à diplomação.

Conclui-se pois que são dois grupos de jovens com origens econômicas e culturais bastante distintas. Em termos de recursos materiais e simbólicos suas existências são marcadas por trajetórias e experiências diferentes o que lhes confere uma inserção social quase que oposta em termos de volume de recursos e estrutura de capitais.

Os pais dos jovens da escola privada, desempenhando atividades econômicas de maior prestígio financeiro, conferem um conforto material evidentemente superior a seus filhos permitindo que estes dediquem seu tempo a ocupações de formação intelectual, profissional, artística e esportiva. Longe das preocupações com a sobrevivência os alunos da escola Dom Amando vivenciam o período da adolescência, como diria Bourdieu, "no sentido verdadeiro, isto é, da irresponsabilidade provisória: estes jovens estão numa espécie de **no man's land** social, são adultos para algumas coisas, são crianças para outras, jogam nos dois campos. [...] Parece que um dos efeitos mais poderosos da situação de adolescente decorre desta espécie de existência separada que os coloca socialmente fora do jogo [...] retirados do mundo e inteiramente ocupados em se preparar para as mais 'altas funções'" (BOURDIEU, 1983, p. 114).

Pôde-se observar que a rotina diária de muitos deles é preenchida por uma série de atividades formativas próximas às exigências e o estilo de vida de uma sociedade moderna. Cuidados com o corpo, o aprendizado de uma língua estrangeira e a dedicação aos estudos revelaram uma mentalidade voltada para o futuro. O espírito de responsabilidade, um forte compromisso com o desempenho acadêmico favorável, a preocupação em responder às expectativas e demandas de seu círculo social mantém estes jovens munidos de uma esperança promissora.

Ao contrário, a realidade dos alunos da escola pública está bem distante desta. Frequentadores do curso noturno estes jovens passam a maior parte de seus dias no trabalho ou na procura dele. Quase 70% dos jovens de Alter trabalham em funções de baixa qualificação. Grande parte deles desenvolve uma multiplicidade de ocupações, vendo-se forçados a uma adaptação à sazonalidade das ofertas na construção civil, no plantio de uma pequena roça ou no engajamento em um comércio familiar ou ainda atendendo ao turismo local numa variedade de serviços. A maioria tem origem em lares com baixa escolaridade bem como 54% já repetiram alguma série escolar. Pode-se induzir, portanto, que as experiências, as trajetórias, as expectativas em relação ao presente e ao futuro possuem todas as chances de concretizarem vivências, práticas e representações socializadoras nas esferas da família e da religião bastante distintas.

Ainda que falem do futuro este parece estar mais distante pois sua conquista depende do sucesso alcançado nos atuais esforços de sobrevivência. Sobre si mesmos é interessante observar que ainda que possuam poucas condições de realizar seus sonhos, dadas as dificuldades de estudo e perspectivas de trabalho, os jovens de Alter do Chão, demonstram ser mais confiantes e pensam a vida como uma agradável aventura. Enquanto que 24% deles partilham desta opinião, apenas 20% dos santarenos confiam no futuro e 17% creem ser a vida uma agradável aventura. Situação semelhante foi observada por Bourdieu, entre os jovens argelinos (BOURDIEU, 1979a, p. 78).

Segundo este autor, a variação entre uma expectativa estimada de sucesso e um sucesso real diminui à medida que as chances de realização dos sonhos se elevam, o que significa que o nível de aspiração e o nível de realidade, entre as necessidades e os meios, tende a decrescer à medida que as chances aumentam. Não deve causar admiração, portanto o fato de que as aspirações dos citadinos tendem a se tornar mais realistas e submetidas a um cálculo racional na medida em que as possibilidades reais de sucesso que possuem são maiores. Assim, é possível deduzir, tal como fez Bourdieu, que os jovens santarenos estariam mais próximos de um pensamento moderno e racional.

Não obstante, confirmando uma percepção privilegiada de vida, 35% dos jovens provenientes da escola privada sentem-se mais felizes que seus colegas do ensino público; poucos sentem solidão, 7% e 14% consideram ter bons amigos.

Uma porcentagem significativamente menor entre os jovens de Alter, 27% sente-se feliz, 10% sentem solidão e 10% consideram ter bons amigos.

A experiência familiar local

A estrutura doméstica ou os arranjos da gestão no interior doméstico são elementos que ajudam a construir um entendimento sobre a distribuição hierárquica e a dinâmica de sociabilidade entre os membros das famílias da localidade. Observou-se que as famílias dos jovens de Alter do Chão possuem uma estrutura mais tradicional se comparada àquela vivida por seus colegas da cidade. Ou seja, 69% dos lares da vila têm como *chefe* o pai da família, 20% das residências são chefiadas pelas mães e 10% por ambos. Em Santarém um número menor de pais chefia as famílias, 58%, uma quantidade igualmente significativa de lares é chefiada por mulheres 23%, bem como um número semelhante de famílias são chefiadas pelo casal, 12%. No entanto, verifica-se a partir dos depoimentos que as posições hierárquicas estão bem delimitadas nas famílias santarenas. A autoridade e a palavra final estão centradas na figura paterna e ou masculina. Observou-se também que as mães desempenham o papel de mediadoras nas pequenas conquistas de independência das filhas ao mesmo tempo que dividem com seus maridos a responsabilidade da conquista dos ganhos financeiros do grupo.

Vale registrar também que em quase todas as famílias dos alunos entrevistados obteve-se a confirmação de que o casamento local (Santarém - Alter do Chão) é feito e desfeito mais de uma vez. Filhos de outras uniões são muito comuns entre as famílias da região. A criação de filhos de amigos e/ou parentes também é prática corrente[21]. Constata-se pois uma variedade grande de relacionamentos e modelos familiares.

---

21   Para uma discussão atualizada sobre esta prática consultar Motta-Maués, (2004).

Não obstante, vale também colocar que o número de irmãos entre os alunos das duas escolas revela modos de vida bastante específicos aproximando as famílias de Santarém para uma estrutura mais moderna, com menos filhos e agregados do que os encontrados em Alter do Chão[22]. A percepção que os jovens de Santarém desenvolvem sobre o universo familiar, de uma forma geral é bastante favorável. 78% deles disseram que suas residências lembram a sensação de felicidade, 32,1%, conforto, 26,3% e segurança, 8,0%. Apenas 19% lembram situações como gritaria, desconforto e família para aturar. Para seus colegas de Alter, não obstante, as percepções são diferentes. Eleva-se relativamente o número de jovens que concebem a família de maneira mais crítica. 33% deles lembram tarefas domésticas a compartilhar, falta de espaço, desconforto e gritaria. É comum entre estes últimos a necessidade de compartilhar a manutenção física e material do local de residência da família. Faxina, o cuidado com roupas pessoais, o preparo das refeições para o grupo, a venda de produtos feitos por seus familiares ou o reparo de algum espaço de convivência da família, revelam um cotidiano de responsabilidade adquirido desde a infância tanto para os homens como para as mulheres. Contudo, para a maior parte deles, 63%, a felicidade e a privacidade são características que compõem seu entendimento sobre a esfera doméstica.

Por outro lado, torna-se curioso observar que se indagados sobre onde se encontram seus melhores amigos, 54% dos jovens da vila de Alter dizem encontrá-los, sobretudo, entre seus familiares e apenas 23% entre os colegas da escola. Para os jovens santarenos, as proporções se invertem. Isto é, 51% deles dizem que seus melhores amigos se encontram entre os colegas da escola e apenas 26% entre seus familiares. Para os jovens consultados, estar com os amigos significa antes de tudo divertir-se (63% entre os santarenos e 53% entre os

---

22 Sobre a discussão de modelos de família, autoridade e poder consultar, entre outros, Romanelli (2003) e Figueira (1987).

boraris). Será que convivendo a maior parte do dia longe da esfera de circulação dos pais, mais envolvidos com suas tarefas de formação, os jovens de Santarém reforçariam as posições hierárquicas de mando e obediência? Entre os jovens da escola privada parece haver uma compreensão tácita de que existe uma esfera da vida adulta e uma esfera de vida adolescente. Os pontos de contato e troca parecem ser vividos a partir de uma identificação naturalizada dos papéis a se representar. Dependentes financeiramente seriam mais dóceis e cordatos frente às situações de submissão em relação aos mais velhos. Por outro lado, a necessidade de compartilhar as dificuldades do dia a dia, a partilha das responsabilidades de ganho aproximaria as gerações de Alter do Chão? É possível que sim.

Em relação à moradia, a maior parte dos jovens de Santarém vive com seus pais, 85%, 3% com um dos cônjuges, 5% com algum parente e apenas 4% sozinhos. Entre os jovens da escola pública 76% moram com seus pais, 9% com seu cônjuge, 3% sozinhos e 1% com parentes, ou seja, índices bem distintos já que as trajetórias de vida de cada um dos grupos são bem diferentes.

Em relação a família como um espaço de socialização de um aprendizado informal ainda que construído pelo diálogo e pela convivência algumas informações são reveladoras. No tocante ao *hábito de conversar* com seus familiares observou-se que entre os jovens pesquisados, da região norte, o diálogo parece ser mais fácil com suas mães do que em relação a seus pais. Assim, em termos de relacionamento as mães parecem responder melhor as expectativas de afeto e atenção entre os jovens. Poucos disseram ter um relacionamento ruim com elas e uma parcela não muito significativa sugere que a relação poderia ser melhor entre eles. Não obstante, segundo depoimentos dos alunos da escola Dom Amando, são elas que cobram mais resultados escolares, acompanham mais de perto o cotidiano das tarefas e responsabilidades de horários bem como a organização das bagunças individuais. Outro diferencial importante é que o *diálogo familiar* é mais comum entre os jovens oriundos da escola privada levando a induzir que esta forma de relacionamento esta mais presente em lares com escolaridade alta e estrutura familiar mais moderna. Deve-se ressaltar ainda que o número de mães que não trabalham fora de casa entre os alunos da escola privada pode favorecer o contato entre mães e filhos.

No que se refere ao *relacionamento com* os pais, observa-se que a proximidade entre os jovens pesquisados e seus progenitores é semelhante. Aproximadamente 65% dos jovens boraris[23] consideram bom o relacionamento que mantêm com seus pais e apenas 7% consideram ruim. Para os santarenos, mais de 70% consideram a relação que mantêm com seus pais é bastante boa. Importa considerar que ainda que a figura paterna esteja coberta de um manto de legitimidade, muitas vezes o peso das cobranças parece ser perturbador. Em alguns depoimentos foi possível observar que as relações entre pais e filhos se revestem de um certo temor e pouca compreensão. Por outro lado, verificou-se também relações de conivência e companheirismo, admiração e respeito. Modelos distintos, porém que convivem temporalmente nas experiências destes jovens.

No que se refere à avaliação que fazem sobre o *relacionamento que mantêm com seus irmãos* verificou-se que é significativamente satisfatória. 85% dos jovens santarenos e 72% dos jovens de Alter consideram boa a forma deste relacionamento. Não obstante, segundo depoimentos, provocações entre eles a partir da compreensão diferenciada de tratamento paterno são os principais motivos de discórdia[24].

Observou-se também que os jovens da escola privada parecem *dialogar temas* relacionados à vida futura com seus pais mais do que seus colegas da escola pública. Ou seja, planos

---

23 Borari é o nome dado aos que nascem em Alter do Chão.
24 Para finalizar este item, vale lembrar que a presença dos avós na criação destes jovens é mais significativa entre os jovens de Alter do que entre os jovens de Santarém.

profissionais, vida acadêmica e perspectivas de futuro são temas mais frequentes entre os alunos de Santarém. É como se as famílias com mais chances de ascender socialmente via conquista de diplomas escolares se dedicassem mais a estes assuntos. É como se as expectativas de um futuro de sucesso, a conquista de uma realização individual se somassem aos projetos paternos e, portanto, familiares. Uma certa conivência e identificação entre os sonhos dos filhos e os desejos dos pais.

No entanto, temas de caráter mais íntimo, como vida pessoal e amorosa ainda que pouco comum entre todos é mais frequente entre os alunos de Alter do Chão. Complementando a informação anterior, é como se os alunos da escola pública, distantes das perspectivas de um futuro real promissor não enfatizassem temas como perspectivas profissionais e acadêmicas. Como já foi comentado anteriormente, as dificuldades do presente, fazem parte do cotidiano dessas famílias impondo a todos um sentimento de partilha das responsabilidades.

No que se refere ao *diálogo a partir de temas específicos*, com as mães, é significativa a diferença entre os alunos da escola pública e da escola privada. Ou seja, a presença das mães na vida dos jovens de Santarém é muito mais elevada. Em assuntos acadêmicos, profissionais, relacionados ao futuro bem como assuntos relativos à vida pessoal e amorosa as mães mais escolarizadas, com um nível de informação mais elevado e que possuem mais tempo livre para se dedicarem aos assuntos domésticos parecem participar mais ativamente da vida de seus filhos. Em outras palavras, poderia afirmar que as mães que possuem um universo de preocupações muito preso à gestão da sobrevivência estariam mais distantes da prática do diálogo com os filhos, sobretudo nas questões relativas à vida futura.

Assim, para finalizar, ainda que falar sobre os planos futuros seja uma prática relativamente comum entre eles, independente do grupo social de pertença, observa-se uma tendência maior entre as famílias de Santarém. Vale registrar que tanto em Santarém como em Alter do Chão, a responsabilidade é o que se procura e se espera do jovem. A palavra responsabilidade foi em muitas ocasiões lembrada por eles. No entanto, onde buscar os exemplos, aliás de quais exemplos estamos falando? Em Alter, poucos pais, ou na verdade mães e avós parecem ser as responsáveis pela educação familiar já que grande parte dos progenitores não assume a paternidade. Em Santarém, segundo depoimentos de alguns jovens, os pais optando pela conquista e/ou manutenção de um status social de prestígio, acabam por compreender a função paterna apenas como garantia de um bom padrão de vida.

A propósito ainda do diálogo entre pais – pais e mães – e filhos tendo como tema a vida pessoal e afetiva, seria pertinente considerar algumas impressões. Ou seja, ainda que a gravidez na adolescência esteja presente entre as jovens santarenas, os casos se apresentam em minoria. Seria fruto de um maior diálogo? No entanto, em Alter do Chão, o aumento do número de meninas que engravidam deixando de criar seus filhos, faz com que a comunidade já tenha uma geração de filhos sem pais diretamente responsáveis por eles. A liberdade sexual, uma herança cultural de muito tempo entre os boraris, como alguns dizem, pode contribuir para que cresça o número de filhos de lares sem a figura masculina. Para muitos, falta nas famílias a figura paterna já que muito dos homens da vila, abandonam o lar para montar outros lares, perdem empregos em função do vício ou mesmo tenham a característica de serem pouco perseverantes em seus compromissos. A mulher em Alter do Chão sempre é lembrada com bravura, pela preocupação de trazer o sustento para dentro de casa, ainda que não abandone seus momentos de lazer, folia e outros relacionamentos amorosos que acabam com o aumento do número de filhos para sustentar.

Associado a este tema, em Alter do Chão, os casamentos registrados em cartório ou consagrados pela Igreja são pouco frequentes. A grande maioria das pessoas quando manifestam interesse mútuo acabam juntando seus pertences e passam a constituir família. Outra peculiaridade é que os relacionamentos amorosos se dão muito entre famílias. Primos que casam entre si, tios e sobrinhas, homens mais velhos com jovens adolescentes parecem ser práticas comuns.

Pode-se considerar também que a peculiaridade da organização familiar em Alter interfere na questão da sexualidade e na administração da autoridade familiar. Segundo vários depoimentos as mulheres são as chefes de família, mesmo quando da presença de pais no interior doméstico. Elas são fortes, decididas e a criação e o encaminhamento educacional e profissional dos filhos somam-se à suas responsabilidades habituais. No entanto, a bibliografia local afirma o contrário. Relatos obtidos em romances regionais e em alguns trabalhos acadêmicos revelam que a autoridade masculina é firme e incondicional[25]. Com certa dose de cautela seria possível afirmar que as mulheres possuem uma força maior nos lares de menor poder aquisitivo e os homens fariam valer melhor sua força nas famílias mais abastadas.

Ainda em relação à sexualidade, em Alter do Chão, segundo alguns depoimentos, parece ser comum deitar-se com quem se tem atração sem mais tarde se sentir comprometido por este fato. Entretanto, percebe-se que este comportamento pode ser critério de hierarquizar social e moralmente a conduta de algumas mulheres. Aquelas jovens que se mostram mais recatadas, mais controladas em seus desejos sexuais são vistas com mais prestígio e respeito. No entanto, aquelas que não agem assim não são desrespeitadas, mas se

---

25 Tavares da Silva, Maria Olinda, *Famílias Paraenses: um estudo de suas características e interações. Relatório de Pesquisa*, 1999, UNAMA, Belém; Bandeira, Maria, *O papel do pai no contexto familiar*, Dissertação de Mestrado, UFPA, 2002; Gonçalves, Telma, *E o casamento como vai? Um estudo sobre conjugalidade em camadas médias urbanas*, Dissertação Mestrado, UFPA, 1999; Motta-Maués, M.A. *Trabalhadores e camaradas*, Ed. UFPA, 1993; os romances de Monteiro, Benedito, *O carro dos milagres*, 1990, CEJUP, Belém e *Verde Vagomundo*, 1997, Cejup, Belém e, Galvão, Efrém, *Romanceiro Mocorongo*, 1998, Gráfica Tiagão, Santarém.

encontram em outra categoria. Não obstante, em Santarém, parece que este elemento de recato, o controle destes instintos é uma preocupação presente nas famílias refletindo uma tendência para uma moral burguesa característica de um segmento médio que se esforça em criar uma conduta rígida dos bons costumes éticos e sexuais.

No que se refere ainda ao ambiente familiar, diferente de seus colegas de Alter, em Santarém, observou-se a presença marcante da figura masculina paterna. Isto é, pelo menos em quatro depoimentos, principalmente entre os homens, a figura do pai foi lembrada com um misto de respeito e medo. A emoção despertada surpreendeu, levando a crer que falar sobre o convívio e relação paterna para alguns já é por si só embaraçoso.

Vale colocar, pois, que segundo o depoimento de uma das professoras da Escola Dom Amando, existe uma cobrança feroz dos pais de seus alunos em relação ao rendimento escolar. No entanto, estes parecem não dispensar um tempo com seus filhos para conversar sobre as dificuldades vividas por muitos deles. O trabalho, os compromissos sociais, as preocupações relativas à manutenção do status da família são aspectos em que os progenitores investem boa parte de seu tempo. Tais revelações foram registradas nas entrevistas. Este tipo de comportamento pode ser estendido também às mães[26].

Como um aspecto relevante da sociabilidade destes jovens bem como do processo de socialização vivido por eles considera-se significativo lembrar, enquanto prática cultural local relacionada à família, a visitação ou convivência frequente à casa

---

26 Vale lembrar ainda que a professora da Colégio Dom Amando, ao iniciar seu depoimento disse ter pena de seus alunos. Sem perspectivas, sem orientação paterna ou religiosa, estariam submetidos à influência das mídias, a programas como *Big Brothers* ou demais comportamentos nocivos a eles em fase de estruturação psicológica e moral. Gravidez na adolescência, drogas, arrogância, foram alguns dos problemas que levantou em uma curta entrevista. Segundo ela, drogas, sexo fora do casamento, filhos bastardos, homossexualismo sempre existiram, mas era tudo velado, oculto. Hoje estes problemas transpiram abertamente, as mazelas das famílias são expostas sem que as pessoas se preocupem. A liberdade de expressão e manifestação acabou por minar os valores de união e\ou de controle social.

dos avós. Esta prática parece ser bastante generalizada, quase diária. A convivência com os parentes é prezada e valorizada inclusive entre os mais jovens. Ainda que se tenha percebido uma tensão na convivência entre pais e filhos é expressivo como a maioria deles tem na família o grande núcleo articulador de suas existências enquanto indivíduos. Em uma das entrevistas foi colocado que se preferia não sair na *balada* no sábado para ir à missa com seu pai, no domingo, às seis horas da manhã.

A formação religiosa local

Ainda que a região Norte do país tenha como religião majoritária o catolicismo, sabe-se que desde a década de 80 do século XX, esta parte do Brasil se destacou das demais pela forte presença de evangélicos. A Amazônia aparece como uma das regiões precoces da diversificação religiosa, marcada pela presença dos pentecostais devido a frentes pioneiras ocorridas sobretudo em Rondônia (JACOB, et al, 2004).

A cidade de Santarém parece não desmentir este fato. Embora a maior parte da população de jovens investigados tenha se declarado católica, 79% dos alunos da Escola Dom Amando e 71% dos alunos da Escola Dom Tiago, verificou-se também uma expressiva presença de evangélicos, 17%, entre os alunos desta última escola. Um número bem menor de evangélicos, 9%, em Santarém. Comportamento que parece espelhar o censo religioso, em 2000, pois o Estado do Pará, apresentava ter 75% de sua população católica e 16% de evangélicos (PIERUCCI, 2004).

Observou-se também que o distrito de Alter do Chão apresenta ter uma menor diversificação religiosa do que a cidade de Santarém. Ou seja, apenas entre os jovens santarenos encontrou-se ateus, agnósticos e ou sem religião, 5%. Associado a esta tendência vale registrar que 5% dos alunos da escola pública declararam serem espíritas, 6% professam outras religiões enquanto que 2,3% dos alunos da escola Dom Amando são espíritas e 5% professam outras crenças religiosas.

A diferença de comportamento religioso não parece se esgotar nestes aspectos. Os alunos da escola pública, jovens com condições de existência bem mais simples que de seus companheiros, provenientes da escola privada, parecem dar um pouco mais de importância a religião que seus colegas. 79% deles e 74%, respectivamente. Ainda que a diferença não seja muito expressiva, outros itens nos mostram outra forma de religiosidade entre eles. Ou seja, a família entre os alunos de Santarém parece ter influenciado mais a escolha e ou manutenção de uma crença, 71% e 63%. Outro dado significativo é que a presença dos amigos em Alter parece ter determinado o tipo de crença a se professar. 11% dos alunos da escola pública foram influenciados por colegas em detrimento de suas famílias. Em Santarém a importância dos colegas neste item é ínfima, 1%.

Verificou-se também que os jovens de Santarém ainda que tenham uma estrutura familiar mais moderna apresentam ser mais crédulos. Isto é, perguntados se acreditavam em santos (71% e 51%), anjos (85% e 66%), espíritos (69% e 48%), demônios (58% e 36), Virgem Maria (79% e 61%) vidas passadas (50% e 19%) e orixás (18% e 13%) manifestaram um comportamento menos *secularizado* se comparados a seus colegas da escola pública. Valeria pois um exercício investigativo. Por ser uma instituição confessional a Dom Amando teria mais poder de influencia na formação da crença de seus alunos? Seria a presença maior de evangélicos em Alter colaborado para por em xeque alguns dogmas da religião católica? Seria a faixa etária mais elevada entre os jovens de Alter do Chão, responsável pelas experiências de vida mais diversificadas, com chances de se tornarem mais críticos? Seria a mistura de todos estes fatores?

É possível observar também outras diferenças. Os jovens da cidade de Santarém praticam a sua religiosidade sobretudo a partir das orações diárias (69%) e 37% deles vão aos cultos nas igrejas pelo menos uma vez por semana. Uma porcentagem bem menor entre seus colegas de Alter faz oração diária, ou seja, 52%, mas 32% deles frequentam a igreja uma vez por semana e, 20% mais de uma vez por semana. Perguntados se tinham costume de visitar cultos de outras religiões os jovens de Alter mostraram-se também mais tolerantes, pois 26% deles declararam ter este costume e apenas 19% dos jovens de Santarém tem este comportamento. Ou seja, pode-se inferir que a forma de religiosidade entre os alunos da vila parece ser mais gregária e coletiva [27].

Por fim, outras diferenças se fizeram notar. Os jovens santarenos acreditam mais nas previsões do futuro, em reencarnação e na energia e aura das pessoas (30%, 50% e 48%, respectivamente) enquanto seus colegas *boraris* pouco acreditam nisso (20%, 19% 20%, respectivamente).

Não obstante, ainda que com algumas diferenças poderia afirmar que a religiosidade da população da região investigada é grande. Durante a estadia na região observou-se que as igrejas católicas estão sempre lotadas e oferecem cultos várias vezes na semana, se não ao dia, em Santarém. As outras igrejas parecem ter cada vez mais adeptos, mas a Igreja Católica ainda é de longe a mais hegemônica.

Como curiosidade vale registrar que, em Alter do Chão, no domingo pré semana de carnaval, após a folia de bloco na praça principal da vila, a capela de Nossa Senhora da Saúde, acolhia mais de 130 pessoas. O número de jovens acompanhando suas famílias era expressivo.

Confirmando a tendência de serem conservadores em seus hábitos religiosos, a mudança de crença não parece ser muito frequente entre eles, pois 86% dos jovens de Santarém e 88% dos jovens de Alter sempre professaram a mesma religião. Aqueles poucos que o fizeram, teriam motivos de ordem pessoal acreditando que a nova fé trouxe mais tranquilidade, paz e afastou os maus espíritos. A presença de Deus em suas vidas também é bastante marcante. Perguntados sobre a

---

27 Vale salientar que esta experiência religiosa foi encontrada entre jovens pertencentes às camadas populares de Belém. Consultar Martins de Souza (s/d).

determinação da força de Deus em suas vidas, os jovens parecem partilhar as mesmas opiniões com pequenas variações. Dito de outra forma, independente da condição de pertença social, 20%, aproximadamente, dos jovens pesquisados, acreditam que Deus criou os homens livres e não interfere na vida humana, 30% acreditam que Deus manda em tudo o que acontece no mundo e, por fim 40% acreditam que Deus dá grande liberdade aos homens e só intervém em algumas ocasiões. Vale ressaltar que 74% deles também acreditam em milagres.

Todos são unânimes em dizer que a igreja católica ainda ocupa um lugar de destaque entre os santarenos[28] e entre os boraris. Embora grande parte seja descendente de índios, a realidade religiosa da localidade é bastante sincrética.[29] É grande também o número de adeptos das igrejas evangélicas (Igreja da Paz e Assembleia de Deus). Indivíduos da mesma família não precisam professar a mesma fé. Todos convivem bem, com respeito, embora ainda se assista alguns desagravos em função de algumas diferenças de interpretação sobre o comportamento de alguns fiéis e a insistência na conversão de alguns.

Em relação ao comportamento dos padres pode-se perceber uma certa controvérsia. Parte dos fiéis em Alter considera que estes nunca estão presentes quando se precisa e, em função disso, as cerimônias litúrgicas são programadas pelos fiéis da localidade. Percebe-se uma certa autonomia entre eles e um trabalho religioso forte efetuado por algumas famílias. Leitura de salmos na igreja é uma prática frequente mesmo sem a presença do padre, pois este só vem a cada quinze dias. Nas cerimônias do Çairé (festa religiosa local) o padre costuma ter uma presença tímida na abertura do evento e no seu encerramento não comparece, pois, existe certo consenso entre as autoridades religiosas de acreditar que os ritos do Çairé são muito pagãos, profanos e regados por muita bebida alcoólica.

---

28 Outra designação dada aos naturais de Santarém não muito aceita por todos é mocorongos.
29 A este respeito, consultar Maués, 1999.

Religiões oriundas de uma fé mais mágica como a Umbanda, Candomblé, ou mais precisamente de origem indígena, a pajelança, entre outras, não foi encontrada de maneira manifesta. Basta lembrar que apenas 18% dos jovens em Santarém e 13% em Alter acreditam em orixás. Por outro lado, solicitados a responder sobre a possibilidade de um espírito do mal encarnar em uma pessoa, 61% dos alunos da escola pública acreditam que sim e 50% de seus colegas da escola privada têm a mesma opinião. Posto isso, vale lembrar algumas impressões locais.

Durante a pesquisa de campo, pôde-se observar que a feitiçaria e ou envolvimento com práticas de magia são ainda veladas quando os relatos assumem um caráter oficial, como por exemplo nas situações de entrevistas. Não obstante, contam-se casos esporádicos quando as conversas se dão em ocasiões informais. Ou seja, na realidade todos creem e possuem um caso de magia para contar, envolvendo pessoas da família e de conhecidos próximos ou envolvendo a própria pessoa que narra o episódio. O sincretismo entre práticas indígenas e africanas é o mais frequente. Segundo depoimentos, a vila de Alter do Chão possuía alguns feiticeiros sendo que estes eram pessoas mais velhas que até já faleceram. Outras manifestações religiosas como a do Santo D'Aime foram encontradas, mas sempre em caráter extra oficial. Ou seja, não se gosta muito de falar sobre elas.

Vale lembrar o episódio pouco comentado, que ocorreu com alguns alunos da escola de ensino fundamental Antonio de Souza Pedroso, em Alter, alunos estes que foram alvo de uma experiência espiritual sem muita explicação lógica. Segundo depoimentos, o fenômeno ocorrido, em 2003, parece ter certa tradição na vila, mas nunca tinha se manifestado na presença de um público grande e no ambiente escolar. Mais precisamente, em uma cerimônia oficial da escola, com a presença de um padre, alunos, familiares e professores, um conjunto de alunos sofreu a experiência inusitada de receber espíritos. Disseram que adolescentes, sobretudo, assumiram o papel de *puladores*, ou seja, sujeitos que incorporando espíritos, gesticulam e falam uma linguagem embolada, quase incompreensível. Alguns permaneceram neste estado durante vários dias. Não conseguindo uma explicação plausível para o fenômeno, os envolvidos procuraram um curandeiro ou benzedeiro em Santarém e alguns indivíduos, na maioria crianças e adolescentes, foram submetidos a uma cura espiritual em uma cidade vizinha, Monte Alegre, na mesma ocasião. Desde então nada mais foi visto de significativo. Alguns até se mudaram de Alter e nunca mais voltaram. O episódio foi relatado pela imprensa de Santarém e verificou-se uma queda no turismo local. Assim, entende-se o silêncio em relação à questão e a dificuldade de falar sobre ela. Um misto de respeito, curiosidade, desentendimento e mistério rondam o fenômeno. Comenta-se ainda que existe uma certa coincidência entre a ocorrência deste evento e a perda de fiéis da igreja católica para a Igreja da Paz. Esta última, pentecostal, foi fundada na região Amazônica, em meados do século passado, por um pastor americano. Na região ela se mostra mais significativa em termos numéricos do que a Universal do Reino de Deus entre outras denominações evangélicas. Vale salientar que este sucesso se dá sobretudo entre a população jovem pois seus cultos contam com muita música e uma dinâmica mais festiva do que de orações e prédicas das denominações mais tradicionais. Mais especificamente, em relação aos evangélicos, a Igreja da Paz, em Alter, parece ser a mais ativa das igrejas. Está mais presente na vida dos fiéis pois oferece cultos quase todos os dias da semana. A liturgia é movida por uma banda de música de jovens da localidade que pertence à elite da vila. Além disso, na cerimônia de abertura do Çairé, de 2005, a música que embalou o culto foi no ritmo *gospel*. Ou seja, mãos para o céu, palmas e corpo gingando. A música *gospel* parece ser do gosto dos jovens locais juntamente com seu oposto, isto é, as músicas do grupo Calypso[30].

---

30 Banda local, com sucesso já no sul do país que se destaca por seu ritmo frenético em que o requebro do corpo é complemento essencial.

Conclusões parciais

Este artigo, na expectativa de compreender a força das agências de socialização família e religião na vida dos jovens da região Norte do Brasil, registra a análise do material recolhido em uma pesquisa de campo efetuada em setembro de 2005 a fevereiro de 2006 com jovens de Santarém e da vila de Alter do Chão, bairro rural do mesmo município. Procurou-se explorar apenas a presença de duas instâncias tradicionais – família e religião – nas experiências de socialização de jovens moradores de uma região do Brasil. A intenção deste artigo era obter um entendimento sobre a importância do espaço familiar e religioso como matrizes disposicionais na construção da identidade de jovens com origens sociais bastante distintas.

A partir de informações contidas em um questionário e num trabalho de campo qualitativo (entrevistas) pode-se observar formas variadas de configuração entre as agências socializadoras na vida destes jovens. Ainda que a análise aqui relatada seja parcial, não é possível falar em coerências e homogeneidade de comportamento entre eles. A realidade investigada demonstrou ser rica em contradições e ambiguidades. Ou seja, os jovens estudados revelaram pouca coisa em comum. Primeiramente porque a trajetória de vida de cada um deles, seus projetos e expectativas de vida respondem a desafios e compromissos muito diversos. Por um lado, jovens da escola privada fortemente dependentes de uma estrutura familiar comprometida com um projeto explícito de manutenção e/ou mobilidade social, por outro, jovens de escola pública voltados para uma luta diária pela sobrevivência. Como foi demonstrado, a análise das variáveis socioeconômicas e culturais ajudou a compreender a posição de cada um dos agrupamentos pesquisados, localizando-os quase que em espaços sociais opostos.

É possível inferir que ambos os grupos estão comprometidos e são dependentes da família e da religião na construção de seu entendimento sobre a realidade que os cercam. Não obstante, são comprometimentos e dependências distintos. Ainda que as famílias da cidade de Santarém tenham apresentado uma estrutura familiar mais afinada a um padrão moderno de convivência verificou-se uma maior dependência dos filhos em relação a seus pais. São mais dóceis e mais tementes frente aos ensinamentos paternos, maternos e religiosos. Parecem viver de maneira mais intensa a posição de jovens, imaturos em fase de desenvolvimento. Estão como diria Bourdieu, *fora do combate*. Parecem estar mais identificados com o projeto de vida de suas famílias e, como foi visto, reconhecem como legítimas as autoridades institucionais. A família e a religião estão muito presentes na vida destes jovens cobrando-lhes comportamentos que respondem às expectativas de seu grupo social. São mais crédulos frente aos dogmas da igreja e obedientes frente as demandas de formação das famílias. Em quase todos os espaços socializadores que circulam estão submetidos a um controle nos seus padrões de conduta. Ainda que suas famílias privilegiem o diálogo, ainda que a estrutura familiar seja nuclear, mesmo que a maioria de suas mães seja privilegiada em termos de escolaridade estes jovens vivem a condição de imaturos, na espera de se tornarem adultos. Julga-se que vivem mais intensamente a condição de filhos.

Entretanto, os jovens moradores da vila de Alter do Chão, embora sejam também dependentes de seus pais se veem submetidos a outro tipo de controle. A maior parte deles partilha a responsabilidade de manter o projeto de sobrevivência do grupo doméstico. Aprendem cedo a dividir obrigações e pensar menos em seus projetos individuais de formação e crescimento. São submetidos igualmente aos controles institucionais, mas como foi relatado, a imposição é menos intensa. Isto é, na condição de filhos, dividem o espaço doméstico com muitos irmãos e ou agregados. Partilham com todos a necessidade de garantir a sobrevivência do grupo. Na maioria das vezes trabalham para suprir necessidades básicas da família. Não experimentam integralmente a condição de imaturos, são levados pelas circunstâncias a se tornarem adultos um pouco antes do tempo.

Ainda que a matriz religiosa esteja presente, parecem que se submetem menos à crença de herança familiar. São menos crédulos frente aos dogmas da igreja católica, frequentam outros templos e parecem experimentar a vida religiosa como espaço de sociabilidade a procura de um grupo de lazer e referência.

Neste sentido, poderia afirmar que o modelo moderno de estrutura familiar vivida pelos jovens de Santarém acaba por prendê-los a uma socialização que se caracteriza por ser menos autônoma. Um projeto educativo familiar que retarda a independência e adia o sentimento de responsabilidade de si. Contam com o auxílio financeiro, psicológico e sobretudo recebem prontas as estratégias de reprodução do grupo.

Contraditoriamente, os filhos de Alter do Chão, ainda que vivam numa estrutura familiar mais tradicional são forçados desde muito cedo a aproveitar as oportunidades de trabalho e crescimento fora do ambiente doméstico. Crescem e tem oportunidades de se tornarem mais autônomos e independentes muito mais cedo do que seus colegas da escola privada. Ainda que muito ligados à família, este sentimento expressa um comprometimento geral frente a uma realidade de conquista diária do grupo. A responsabilidade está em se garantir individualmente e na medida do possível ajudar o grupo de pertença. Enfrentam desde cedo a difícil tarefa de traçar seus próprios caminhos. Neste sentido, se submetem diferentemente às autoridades e às posições hierárquicas do interior doméstico. Poderia afirmar que vivem a tradição da obediência à luz de uma condição particular de independência. Ou seja, forçados a se tornarem donos de seu destino antes do tempo respeitam e legitimam a importância da autoridade familiar, religiosa e escolar quase como pura tradição mas com pequena margem de realização efetiva.

Assim, o que se observou nessa breve análise cultural foi uma multiplicidade de estruturas complexas de significação. Tem-se ciência de que muito tem de ser feito para melhor compreender a trama de seus significados. Por ora, apresentou-se, mesmo que parcialmente, uma compreensão de algumas práticas e representações sobre família e religião ainda que saiba que estas são dependentes e articuladas a uma visão de mundo veiculada por outras instâncias de socialização. Mas isso será tarefa para o próximo capítulo.

CAPÍTULO TRÊS

DIFERENTES PERCEPÇÕES SOBRE A ESCOLA ENTRE OS JOVENS DO ENSINO MÉDIO

Ainda que venha crescendo o número de investigações acerca das relações entre a escola e os jovens pouco se sabe ou se sistematizou sobre o estudante brasileiro do Ensino Médio que vive na região norte de nosso país. Neste capítulo dando continuidade às reflexões sobre as diferentes temporalidades coexistentes na sociedade brasileira apresentar-se-á dados relativos as percepções sobre a escola em uma formação social ainda pouco familiarizada com a cultura letrada.

O esforço será de fazer uma análise sobre o papel que escola detém, enquanto matriz disposicional capaz de orientar condutas, práticas e representações sociais em um contexto cultural ainda fortemente socializado pela cultura oral. Para desenvolver este argumento teórico empreendeu-se uma pesquisa sobre o processo de socialização escolar vivido por jovens moradores da cidade de Santarém, no Estado do Pará. Ou seja, investigou-se um grupo de jovens frequentadores de uma escola pública, rural e de uma escola de elite, particular neste município. Pretende-se neste capítulo desenvolver uma análise interpretativa sobre a importância da matriz de cultura escolar a fim de observar os arranjos variados e estratégicos de reprodução dos grupos sociais.

A construção de uma perspectiva sociológica

Em *Uma perspectiva não escolar no estudo sociológico da escola,* Sposito (2003) define com notável clareza dois tipos de abordagem que se fizeram correntes na sociologia da educação no Brasil. Lembra-nos que grande parte dos estudos que marcaram ou marcam presença até hoje entre nós tomam a escola enquanto categoria analítica, ou seja, trabalham a escola e o sistema de ensino em suas relações com a sociedade global, mas muitos outros analisam estas instituições enquanto unidades empíricas de investigação. A autora nos oferece pistas então sobre a importância dos estudos a respeito da escola para a sociologia da educação brasileira, não obstante, argumenta com pertinência que para se compreender melhor esta instituição socializadora, deveríamos investir em outra série de pesquisas, que mesmo não enfatizando aspectos pedagógicos, históricos e sócio culturais correlatos a ela poderiam nos auxiliar na ampliação de seu conhecimento. Desta forma Sposito legitima e justifica todo um conjunto de investigações que ainda que não desconsidere as anteriores elege como problemas aspectos indiretamente relacionados à escola. Ou seja, segundo ela estudos sobre outras instâncias educativas (família, religião, mídias) a vida extra-escolar dos alunos, cotidiano, lazeres, representações, expectativas e crenças de jovens que engrossam as fileiras das escolas de Ensino Médio deveriam ser mais constantes.

É nesta linha de análise que a presente discussão se encerra. O objetivo é compreender sociologicamente as diferentes percepções que os alunos do ensino médio da cidade de Santarém, Pará, têm a respeito da escola. A intenção é analisar o lugar que esta instituição ocupa em suas vidas, suas expectativas em relação a ela, como avaliam seus professores e o conhecimento que ela disponibiliza. Importa interpretar também qual a percepção que estes jovens têm sobre o aprendizado que a escola transmite. Enfim, pretende-se desenvolver, neste artigo, uma análise compreensiva sobre a importância da matriz de cultura escolar a fim de observar sua capacidade de construir um *habitus*, categorias de pensamento e julgamento nos jovens pesquisados, que desfrutam de condições materiais e espirituais de existência muito distintas. Cabe lembrar, no entanto, que a formação sócio cultural estudada – Santarém, Pará – apresenta-se pouco familiarizada com a cultura escolar dado que os índices de escolarização são expressivamente abaixo da média nacional, espaço sócio cultural portanto que configura uma temporalidade distinta da verificada em grandes centros urbanos.

Neste sentido seria oportuno partir do arcabouço teórico de Pierre Bourdieu a respeito das diferenças de herança cultural dos sujeitos investigados. Considerando que o sistema escolar, como força formadora de *habitus*, é responsável pela transmissão de um conjunto de esquemas fundamentais que permite abordagens diferenciadas no tocante as práticas e representações sociais; considerando que a escola é também uma fonte de legitimação de valores e bens que a sociedade moderna como um todo consagra; considerando ainda que no contexto social estudado, a cidade de Santarém, pode-se encontrar dois tipos de instituições que se diferenciam pela mensagem e pelo público que as frequenta, escolas públicas e privadas, pode-se inferir portanto que o resultado dessas ações pedagógicas, ou seja, o processo de escolarização destes grupos, tem todas as chances de ser diferenciado.

Por conseguinte, parte-se do pressuposto também que existiria uma correspondência entre hierarquias sociais e hierarquias escolares entre os alunos desta pesquisa. Aqueles mais bem dotados de capital econômico e capital cultural seriam aqueles com maiores chances de valorizar a cultura esco lar. No limite, seguindo o esquema teórico de Bourdieu, poderia argumentar que os alunos da escola privada, relativamente mais ricos em capital econômico e capital cultural teriam mais chances de contarem com a escola como uma forte matriz de cultura, fonte de disposições de um *habitus* cultivado.

Ainda que estes dados já tenham sido apresentados no capítulo anterior, vale considerar que em relação à instrução dos pais e mães dos alunos da escola pública, apenas 1% deles completaram o nível superior e 4% tiveram acesso, mas não o terminaram. 51% dos pais só frequentaram oito anos de estudos e 9% completaram o ensino médio. Em relação às mães, um pouco mais escolarizadas, 59% delas estudaram até a oitava série e 20% chegaram até o ensino médio (11% não completaram os três anos de curso). Em relação à instrução das mães dos alunos da escola privada observa-se que estas são mais escolarizadas. 33% chegaram ao nível superior, mas apenas 18% obtiveram diploma de conclusão, 36% estudaram até o ensino médio enquanto que apenas 32% dos pais chegaram até este nível de ensino e 30 % chegaram a frequentar cursos universitários, sendo que somente a metade chegou à diplomação.

Sabe-se que a família e a escola são dois subespaços sociais que podem ser classificados tanto como instâncias produtoras de bens culturais como mercados de circulação desses bens (BOURDIEU, 1979). Não obstante, é importante salientar que a competência cultural adquirida nesses espaços é definida pelas condições de sua aquisição. De um lado, o aprendizado precoce, efetuado desde a primeira infância e prolongado por um aprendizado escolar que o pressupõe. De outro, o aprendizado tardio, metódico, adquirido nas instituições de ensino ou na esfera do trabalho. Assim, Bourdieu enfatiza que a distinção entre esses dois tipos de aprendizado refere-se a certa maneira de adquirir bens culturais e simbólicos e com eles se familiarizar. Ou seja, os aprendizados efetuados nos ambientes familiares caracterizar-se-iam pelo desprendimento, garantindo a seu portador certo desembaraço na apreciação cultural e, por sua vez, o aprendizado tardio caracterizar-se-ia por ser voluntário e consciente, possibilitando a seu portador uma pretensão cultural e um desembaraço forçado.

Posto isto, dentro deste esquema teórico as duas formas de se relacionar com o saber e a cultura escolar seriam responsáveis, pois pela formação de disposições de cultura dos indivíduos. São, especificamente, o que se chama "capital cultural incorporado", isto é, um capital que está ligado ao corpo e supõe a incorporação de informações exigindo a interiorização, um trabalho de assimilação a custo de um investimento de tempo pessoal do próprio agente social.

Seria esperado, portanto que os pais dos jovens da escola privada desempenhando atividades econômicas de maior prestígio financeiro conferissem um conforto material evidentemente superior a seus filhos permitindo que estes dediquem seu tempo a ocupações de formação intelectual, profissional, artística e esportiva. Longe das preocupações com a sobrevivência os alunos da escola Dom Amando vivenciam o período da adolescência, como diria Bourdieu, "no sentido verdadeiro, isto é, da irresponsabilidade provisória: [...]" (BOURDIEU, 1983, p. 114).

Observa-se ainda que a rotina diária de muitos deles é preenchida por uma série de atividades formativas próximas às exigências e o estilo de vida de uma sociedade moderna. Cuidados com o corpo (59% praticam atividades físicas, entre elas musculação, jiu-jítsu, basquete), o aprendizado de uma língua estrangeira (14% fazem curso de línguas) e a dedicação aos estudos revelaram uma mentalidade voltada para o futuro (no entanto só 8% fazem curso de informática).[31] O espírito de responsabilidade, um forte compromisso com o desempenho acadêmico favorável, a preocupação em responder às expectativas e demandas de seu círculo social mantém estes jovens munidos de uma esperança promissora.

Ao contrário, a realidade dos alunos da escola pública está bem distante desta. Frequentadores do curso noturno estes jovens passam a maior parte de seus dias no trabalho ou na procura dele. Quase 70% dos jovens de Alter trabalham em funções de baixa qualificação. A maioria tem origem em lares com baixa escolaridade bem como 54% já repetiram alguma série escolar.[32] Pode-se induzir, portanto, que as experiências,

---

31 Talvez a maioria não faça cursos de informática pois já possuem familiaridade suficiente no assunto.

32 A título de curiosidade a maior parte das repetências se encontra na passagem da quinta para a sexta série do primeiro ciclo do ensino fundamental.

as trajetórias, as expectativas em relação ao presente e ao futuro possuem todas as chances de concretizarem vivências, práticas e representações socializadoras na esfera da escola bastante distintas. Vale comentar, entretanto, que uma porcentagem não desprezível, 15%, faz cursos de computação e 11% frequentam cursos de inglês numa espécie de tentativa de suprir uma desvantagem de origem. Em relação aos esportes um número expressivo, 47%, dedica-se a esta pratica sendo que a grande maioria dá preferência ao futebol.

Assim, para o interesse desta discussão, cumpre lembrar que toda relação pedagógica é uma relação de comunicação (BOURDIEU, 1979). A mensagem comunicativa, mais propriamente o conjunto de regras culturais propostas pela escola, depende da posse prévia dos instrumentos de apropriação, indispensáveis para o êxito da comunicação. O sistema de ensino supõe que para um máximo aproveitamento pedagógico é necessário que os agentes sujeitos ao aprendizado detenham os meios para apreender os códigos dessa comunicação. Se existe um descompasso entre a competência cultural exigida pela escola e a competência cultural apreendida na família, o que se verifica é que o sistema escolar tende a reforçar as distinções de capital cultural de seu público. Limita o acesso e o pleno aproveitamento do segmento a que se destina. Convertendo hierarquias sociais em hierarquias escolares, a escola tende a perpetuar a estrutura da distribuição do capital cultural, reproduzindo e legitimando as diferenças/desigualdades entre os grupos sociais.

Em Santarém, como veremos, a segregação que se estabelece desde o ingresso no ensino primário público e/ou privado tende a se reforçar à medida que avança a trajetória estudantil dos alunos. As disposições exigidas pela escola, como tempo, esforço e dinheiro, tendem a intensificar as vantagens daqueles mais bem aquinhoados social e culturalmente. Mais especificamente, na escola privada e na escola pública pesquisadas, poderia argumentar que, em função da formação que oferecem, do capital cultural que exigem e da carreira a que dão acesso, tendem a reproduzir a base de relações entre a distribuição do capital cultural e a estrutura de distribuição do capital econômico. Cabe analisar pois como se evidencia a importância da matriz de cultura escolar, na percepção dos sujeitos investigados, tendo como pano de fundo as condições material e simbolicamente distintas às quais os jovens do Ensino Médio estão submetidos.

A especificidade da educação escolar

Sabe-se o quanto é difícil determinar, em consenso, as funções educativas da escola. Forquin a define como "instituições organizadas com vistas a transmitir a um público numeroso e diversificado, por meios sistemáticos conjuntos de conhecimentos, de competências, de representações e de disposições correspondendo a uma programação deliberada. A escola não é apenas um local onde circulam fluxos humanos, onde se investem e se geram riquezas materiais, onde se travam interações sociais e relações de poder; é também por excelência local de gestão e de transmissão de saberes e símbolos" (FORQUIN, 1992, p. 28).

Para o interesse desta reflexão, vale lembrar, no entanto, que a escola seleciona apenas uma parte idealizada da cultura – uma versão autorizada da cultura e/ou dos saberes. E, neste sentido, da mesma forma que seleciona faz esquecer parte de uma memória sociocultural. Ou seja, ao se produzir uma tradição de conteúdo escolar tem-se que realizar, simultaneamente, uma enorme perda, bem como uma reinterpretação e reavaliação daquilo que é conservado e realizado pela instituição escolar. Assim, é preciso salientar, o que se transmite na escola é apenas uma parte do que foi produzido pela humanidade (FORQUIN, 1992).

Não obstante, segundo Forquin, para transmitir tal conteúdo a escola precisa, sobretudo reestruturar e reorganizar os saberes. Precisa desenvolver métodos de transposição didática dos conteúdos, pois a transmissão não é direta. Precisa se armar de dispositivos mediadores da aprendizagem. E nesta transposição acaba por impor disposições cognitivas específicas. Ou seja, saberes e modos de configurar e organizar o julgamento em um modelo que podemos designar como um modelo escolar de pensamento. Pode-se afirmar que a escola é então responsável pela produção de uma cultura, uma dinâmica de organização cognitiva que lhe é própria. É responsável por uma segunda cultura se comparada a uma cultura de "criação"; ou seja, por uma cultura derivada, resultado de compilações, exercícios sistemáticos e reiterativos de recursos mentais.

O trabalho pedagógico da escola espera, em tese, que o indivíduo incorpore esquemas operatórios, disposições do pensamento, categorias de análise específicas, propriamente escolares. Clareza, organização, criticidade e hierarquização dos saberes são alguns elementos formais que espelham esta forma de produzir conhecimentos a partir de insistentes exercícios de reflexão e articulação de conteúdos.

Desta feita é importante salientar, a escola é produtora e criadora de configurações cognitivas e de formas de pensar originais – um verdadeiro *habitus* na conceituação de Bourdieu, que lhes dão certa especificidade. Em outras palavras, a transposição didática e a rotinização acadêmica são responsáveis por uma relação com o conhecimento e a informação que exigem exercícios mentais complexos, derivados de mecanismos operatórios comparativos e/ou de sínteses, próprios ao ambiente escolar. Neste sentido, este *habitus* escolar, fruto de uma seleção e transposição a partir de um *corpus* de cultura específico, faz da escola uma instituição autônoma, matriz de saberes singulares, produtora de formas típicas de atividade intelectual que habilitam os indivíduos a partilhar formas de raciocínio característicos.

Não obstante, os contextos de escolarização estudados, a cidade de Santarém e a vila de Alter do Chão, como foi possível demonstrar na breve caracterização acima, não se apresentam lineares e estão distantes de um quadro não contraditório. Neste sentido, na necessidade de qualificar a especificidade local seria oportuno lembrar a contribuição de Pereira (1971). Estudando as diferenças de rendimento e as taxas de evasão entre alunos do ensino primário, das zonas urbanas e rurais do Estado de São Paulo, nos anos 60, Pereira, observa que a escola cumpriria duas funções. A primeira delas, segundo ele, se definiria como *explícita* e se referiria à transmissão e apreensão de um corpo de saberes, ou seja, conteúdos de leitura, cálculo, escrita e outros conhecimentos gerais. A segunda função, de caráter mais *implícito*, traria o resultado alcançado ao longo do processo de escolarização que se definiria na função de urbanizar, de trazer a universalização de conteúdos necessários à vida moderna. Segundo este autor, a função primordial da escola é pois a função de integração social a partir da difusão de um padrão moderno de urbanização, um estilo de vida urbano.

No caso específico do município de Santarém seria possível inferir que em se tratando de uma formação social com baixos índices de escolarização e, sobretudo com pouca tradição na cultura letrada, a probabilidade da escola estar servindo a um processo de secularização, ou seja, as possibilidades da escola estar difundindo um estilo de vida e racionalidade urbana seriam mais acentuadas do que o verificado nos centros urbanos há muito familiarizados com ela.[33] Assim, considerando que grande parte de sua população ainda não teve acesso aos bancos escolares temos todas as chances de identificar uma séria discrepância entre o universo cultural familiar e o universo cultural escolar.

---

33   Neste ultimo caso a escola estaria apenas conservando e/ou mantendo um estilo de vida urbano.

Desta forma, na perspectiva de analisar as percepções dos jovens a respeito da escola considera-se relevante problematizar dois tipos de matrizes de cultura, dois sistemas disposicionais se defrontando no processo de suas escolarizações que melhor identificariam as diferenças de projetos, aspirações e expectativas em relação à cultura escolar.

Breve caracterização sobre as escolas

A escola particular Dom Amando, em Santarém, em 2006, tinha, aproximadamente 1.300 alunos, numa área de 4.000 m^2. Conhecida pela qualidade do ensino em todo médio Amazonas, região de Santarém e adjacências, é procurada por todos aqueles que pretendem ocupar uma posição social de destaque ou a manutenção desta. A escola é muito arborizada com uma área construída expressiva, pois na ocasião conseguia acomodar ensino fundamental, médio, quatro cursos profissionalizantes além de ceder espaço para algumas universidades da região. No último Exame Nacional do Ensino Médio (ENEM), 2005, a Colégio Dom Amando apresentou 55,81% de acertos contra 43,32%, percentual médio entre as escolas brasileiras. A escola oferece bolsa de estudo e uma mensalidade relativamente baixa para os padrões locais, ($R 370,00 por período integral, em 2005) já que é subsidiada por uma instituição religiosa dos EUA, Texas, a *Sociedade dos Irmãos da Congregação de Santa Cruz*[34]. Segundo Collares (2005), grande parte das iniciativas educativas santarenas são fruto de projetos de ordens religiosas. Entre elas a presença americana é bastante significativa.

Seus funcionários e bedéis, pessoal de secretaria, coordenadoras e orientadoras usam uniformes impecáveis. A organização é evidente. Outro dado que demonstra o estilo da administração da escola é a quantidade de responsáveis pela

---

34 Em 2006, a escola oferecia 400 bolsas de estudos.

manutenção do espaço físico, jardineiros, pedreiros, eletricistas, pintores etc. Os alunos também usam farda\uniforme, composto de calça bege e camiseta branca, sapatos pretos e meias brancas, para ambos os sexos. Existe um controle forte sobre a ausência de cumprimento do uso dos uniformes. Caso precisem estar diferentes dos demais devem obter autorização na entrada da escola ou trazer uma explicação dos pais. É rígida também a fiscalização em relação ao comportamento entre os sexos e entre alunos e professores. Para os namorados não é permitido se beijarem ou se abraçarem, as mãos dadas e braços nos ombros são permitidos. Alguns alunos se queixaram do exagero desta disciplina. O sistema de ensino parece ser bem rígido. Além disso, a escola faz uso da prática do demérito, uma punição gradual até a suspensão que é temida por todos. Por sua vez a premiação também graduada, registrada no mural da escola é cobiçada e parece ser um objeto de desejo de muitos.

Ainda que a estadia na região tenha sido pequena, pôde-se observar as formas de valorização e expectativas da população local em relação à escola em geral e em relação à escola Dom Amando, em especial. Foi possível perceber que esta instituição goza de muito prestígio. Tanto para aqueles que tiveram oportunidade de ter acesso a ela como também para os menos letrados, esta escola surge como um veículo certo de ascensão social, capaz de conferir autoridade a seus participantes. Estudar, fazer uma faculdade, estar apto a prestar um vestibular nas escolas de ensino superior é um desejo para grande parte das famílias e alunos de seu ensino médio. Conhecida como escola das elites, a Dom Amando foi responsável pela formação de um número razoável de pessoas que hoje se destaca na intelectualidade local. Há muito se faz presente na vida cultural da cidade. O prédio é imponente, grande, com fachada murada e um esquema de segurança da entrada e saída de alunos e visitantes.

A escola Dom Amando, em 2005, oferecia o ensino infantil, fundamental I e II e ensino médio.[35] O ensino médio, em 2006, está dividido em dois módulos. O módulo regular, relativo a meio período e o módulo conveniado, com três dias de período integral (somente para os alunos do terceiro ano do ensino médio). Este módulo funciona das 7hs da manhã até às 17hs. O módulo regular funcionava das 12h30 às 17h. O aluno integral almoça na escola, tem sala de descanso, banheiro para tomar banho e às vezes fica até à noite, pois muitos fazem esporte, trabalho voluntário, ensaios de música folclórica etc. Uma escola que literalmente teria a capacidade de formar um *habitus* no indivíduo, pois, toma para si a responsabilidade de formação moral, ética, cultural e instrucional.

Em Alter do Chão, à primeira vista, a Escola, enquanto instituição formal parece congregar uma poder de liderança muito forte. Bastante respeitada pela comunidade, grande parte de seus professores desempenha papel de destaque em outras associações ou mantém relações de proximidade com autoridades de Santarém.[36] A escola assume para si então uma série de responsabilidades e parece muita aberta em introduzir novidades desde que essas respondam às demandas locais.

A história da escolarização da vila é bastante interessante. Segundo relatos, no final da década de 1940, embora pequena e com um número muito grande de analfabetos, um grupo de moradores locais resolveu construir, com seus próprios recursos e mão de obra, uma escola de pau a pique. Durante muito tempo ali funcionou o curso para a alfabetização de adultos. Em 1969, construíram, novamente, um novo prédio, agora de alvenaria, ainda sem auxílio oficial. Fruto do esforço da comunidade, desde 1969 funciona a Escola Municipal D. Macedo

---

35 Desde 1943, data de sua fundação oferecia apenas o ensino médio. A partir deste ano de 2006, passou a oferecer o segundo ciclo do nível fundamental.
36 Em 2006, pelo menos seis professores, diretora e a vice-diretora estão diretamente ligados na organização do Çairé. Festa local que mobiliza a vila e a cidade de Santarém fazendo-as conhecida por toda a região.

Costa, hoje atendendo apenas parte da turma de ensino médio, como anexo da escola Dom Tiago Ryan. Atualmente, segundo sua Diretora, a Escola Municipal de Ensino Fundamental Antônio de Souza Pedroso conta com quase mil alunos divididos em três turnos. Em 2006, possuía 24 professores. Ao todo 48 funcionários. Na região, é a escola fundamental que congrega o maior número de alunos em uma mesma estrutura física obtendo avaliações positivas nos exames de produtividade escolar. Os índices de repetência e abandono são baixos se comparados às escolas do município. Segundo a diretora da escola, desde sua posse, há quase dez anos, vem recebendo constante apoio das autoridades de Santarém o que contribui para que ela seja vista com a escola modelo da região. Grande parte dos professores do ensino fundamental da escola Antônio de Souza Pedroso tem formação superior. A maioria reside há muito em Alter do Chão.

Entretanto, em relação ao ensino médio o rendimento escolar dos alunos não é satisfatório. O fato de seus professores não morarem em Alter do Chão é apontado como o principal fator que prejudica o oferecimento regular das aulas. Alunos desmotivados e professores desinteressados acabam por comprometer a qualidade do ensino. Segundo depoimentos, o ensino médio atualmente em Alter, oferecido como anexo da escola estadual Dom Tiago Ryan, é de baixa qualidade. Falta de professores, falta de aulas, greves e, um desestímulo geral, fazem com que parte dos alunos em idade de cursar o ensino médio deem preferência em estudar em Santarém, mesmo que seja necessário deslocar-se todo dia para lá. As expectativas de mudar de vida, cursar uma universidade e voltar à vila introduzindo novidades e benfeitorias, segundo depoimentos, parecem fazer parte da vida de parcelas dos jovens de Alter do Chão.

Assim, percebe-se que os jovens da Vila que estudam no anexo da escola Dom Tiago Ryan têm toda a probabilidade de terem uma origem social mais simples, sem, no entanto, se despreocuparem do futuro que se avizinha. Os dados revelados no questionário corroboram esta avaliação. Para caracterizar o ambiente escolar de parte dos alunos entrevistados, da vila de Alter do Chão, caberia um pequeno relato. Na ocasião da estadia, chegou-se na escola por volta das 20:20 min., de uma sexta feira. Sabendo que o ensino médio só funcionava no período noturno, procurou-se encontrar os coordenadores. Com desencanto, observou-se que os alunos já tinham sido dispensados. Só foram encontradas duas salas de aula em funcionamento, do curso supletivo, sendo que apenas uma tinha um professor coordenando a aula. Nenhuma secretaria do ensino médio ou substituto de coordenação estava presente. Ou seja, encontrou-se na primeira semana letiva, uma escola bastante vazia, sem aulas, sem uma dinâmica de grupo que pudesse fortalecer os vínculos entre escola de ensino médio e a comunidade de alunos[37].

No ano de 2006, o anexo da Escola Estadual Dom Tiago Ryan oferecia cinco turmas. Duas do primeiro ano, duas do segundo ano e uma do terceiro ano. Ao todo 200 alunos. As aulas do primeiro ano começam às 17h, as demais tinham início às 19h. Segundo o Exame Nacional do Ensino Médio (ENEM), em 2005, a escola ficou abaixo da média nacional, 36,22% e 43,32%, respectivamente, ambas bem abaixo da Escola Dom Amando, 55,81%.

Vale salientar que estas impressões vieram completar a opinião que uma de suas primeiras diretoras teceu sobre a realidade dos anexos escolares. No ano de 1998, data de fundação da Escola Estadual Dom Tiago Ryan, a comunidade se sentiu compromissada com seu futuro. Erguer parte de suas paredes, a construção de um jardim, a merenda e a conservação de suas dependências foram atividades desenvolvidas pelos pais de alunos. Em 2006, quase abandonada, funcionava precariamente até no campus oficial. Seu anexo, em Alter do Chão, sofria problemas mais sérios. Distante da cidade de Santarém, sem

---

37 Tal como registrado por Brandão (1990), a escola na zona rural tem pouca força enquanto matriz de socialização.

contar com um corpo docente específico, sem orientação ou fiscalização, sem estrutura de laboratório necessária, secretaria, bedéis, e, sobretudo, motivação, a escola de ensino médio oferecida em Alter do Chão, para muitos é apenas uma forma de ampliar o número de alunos para as estatísticas educacionais. Efetivamente, a qualidade dos vínculos entre seus alunos e ela era muito precária. Aliás, seria interessante colocar que a falta de motivação se dá entre as autoridades educacionais pois todos os alunos se queixaram da ausência de professores, a falta de seriedade da prática docente, embora alguns docentes tenham sido elogiados. Era latente e manifesto o interesse dos alunos em ter acesso a melhores condições de ensino e aprendizado. Na permanência de duas semanas não foi possível observar nenhum dia de aula completo.

A escola municipal de ensino fundamental Antonio de Souza Pedroso que acolhe os estudantes do ensino médio da escola Dom Tiago Ryan, tem uma construção física razoável para atender o público de ensino fundamental, mas não se encontra preparada para receber alunos do ensino médio. Conta com onze salas, uma biblioteca, um grande pátio ainda em fase de arborização, uma secretaria, uma sala de professores, uma cozinha, um pequeno refeitório e dois banheiros para os alunos e dois para professores. Ainda que ofereça merenda para os alunos do curso supletivo não o fazem para os alunos do ensino médio que dividem o espaço no período noturno.

Interpretando as representações sobre a escola

Comentando sobre o processo de escolarização de jovens chilenos, Leon & Solto (2005), afirmam que a transição para a fase adulta é comum em todos os jovens e está presente em todos os momentos históricos. No entanto, as trajetórias não o são. Estando no plano da morfologia e das hierarquias sociais, ou seja, no campo das relações de poder, as trajetórias dos jovens de segmentos sociais distintos marcam a estrutura e a lógica das transições. "Na relação entre ambas (transição e trajetórias) pode-se ir tecendo a maneira que permite compreender, se não totalmente, ao menos de forma parcial, a configuração das práticas, a criação das aspirações, a formulação de expectativas e o desenvolvimento de diferentes estratégias entre eles. Relação, por certo, complexa que põe a análise frente a um tema difícil: a vinculação entre estruturas sociais, formações culturais e lógicas – os sentidos – da ação" (LEON; SOLTO, 2005, p. 122).

As considerações desses autores podem ajudar na compreensão das informações que serão relatadas abaixo. Com o objetivo de compreender a força da escola como matriz de cultura em segmentos sociais profundamente distintos, construiu-se um instrumento de pesquisa que abordasse as percepções que os jovens têm sobre seu processo de aprendizagem e a imagem que construíam sobre os três subgrupos de ensino, professores, funcionários e administradores que acompanham este trajeto de escolarização. Grande parte das questões foi extraída do formulário distribuído pelo ENEM, Exame Nacional do Ensino Médio, em 2004. Não obstante, a fim de melhor qualificar e ponderar sobre as informações quantitativas coletadas por este instrumento, foram feitas algumas entrevistas com jovens de ambas as escolas. A tarefa de articular informações e interpretá-las tem sempre o risco de ser parcial, portanto não pode ser vista como definitiva. Não se procurou então a verdade, apresentam-se apenas algumas considerações interpretativas.

A maior parte dos jovens que estudam no anexo da escola pública Dom Tiago Ryan, no distrito de Alter do Chão, em Santarém, são homens, 53% e, 45% são mulheres. Uma porcentagem alta, 40%, tem mais de 19 anos, bem distante da idade esperada para este nível de ensino; 47% se encontram entre os 15 e 18 anos. Uma parcela pequena, mas não desprezível, já se encontra casada, 12% e, 18% já experimentam a realidade da paternidade. Portanto, configuram-se como jovens com trajetórias pouco lineares.

Bem mais da metade, 68%, trabalham e desempenham atividades que não exigem muita qualificação, ou seja, desenvolvem atividades domésticas, serviços de manutenção e/ ou limpeza. Em relação à renda auferida, parte deles, 30%, gasta com despesas pessoais e 33% participam do orçamento familiar. 80% deles são pardos ou morenos. 45% de seus pais e 49% de suas mães ocupam cargos funcionais, ou seja, trabalhadores com qualificação elementar. Sem dúvida, o grupo pesquisado se assemelha em muito com dados gerais da realidade das regiões mais periféricas. Ou seja, segundo recente pesquisa do Instituto de Pesquisa Econômica Aplicada (IPEA), se a média nacional dos indicadores de educação não é boa, a situação fica ainda pior no norte e no nordeste, se agravando entre pretos e pardos, no meio rural e entre os mais pobres. Enquanto que a população brasileira acima de 15 anos tem, em média, sete anos de estudos, os moradores das áreas rurais passam apenas 4,2 anos na escola.[38]

Não obstante, para os estudantes da escola privada, Dom Amando, em Santarém, encontramos uma realidade bastante diferente. Aqui as mulheres parecem ser maioria (53% e 46%, respectivamente). 95% se encontram na faixa etária adequada ao nível de ensino, ou seja, possuem entre 15 a 18 anos. 90% estão solteiros e 97% não têm filhos. 87% nunca passaram por uma experiência de reprovação escolar. 33% são brancos e 52% são pardos ou morenos. Isto é, estatísticas muito próximas aos índices de escolaridade de segmentos privilegiados nos centros urbanos.

Em relação às atividades fora da escola, diferentemente de seus colegas da escola pública, 92% não trabalham, só estudam. Os poucos que trabalham gastam a renda auferida com despesas pessoais. 28% dos pais ocupam cargos de chefia, administração de serviços ou comércios de médio e grande porte; 12% desenvolvem ocupações de nível técnico. Parecem

---

38 Conselho: escolaridade é baixa e desigual no Brasil. In O Globo, 06/12/2006.

ser pequenos empregadores ou empregados especialistas. 16% das mães são donas de casa, ou desempenham igualmente como seus cônjuges cargos de chefia, administração de serviços ou comércio, 16%. Algumas são educadoras, 10% ou desempenham atividades de nível técnico, 10%. O contexto da escolarização entre eles é também distinto. Entre os jovens estudantes do Colégio Dom Amando, 76% só tiveram experiência em instituições privadas enquanto que para seus colegas de Alter do Chão os índices se invertem, ou seja, 85% só frequentaram estabelecimentos públicos. Os motivos da escolha da escola a se cursar também expressam maneiras diferentes de se relacionar com o projeto escolar. Enquanto 62% dos alunos da escola Dom Tiago optaram por ela devido à proximidade de suas casas, 90% dos estudantes da escola Dom Amando elegeram sua escola pela qualidade do ensino. A tradição de rigor e seriedade desta escola remonta a muitas gerações. Segundo depoimentos dos alunos, seus pais decidiram a favor deste estabelecimento pois muitos também estudaram lá. Valeria considerar, não obstante, que o fator proximidade da escola, apontado pelos estudantes de Alter não se reduz somente ao baixo comprometimento com o projeto escolar. Dada a distância entre Alter do Chão, 34 km de Santarém, as despesas de transporte, o cansaço de um trajeto de praticamente duas horas de ida e duas de volta, bem como a preocupação de alguns pais de não acompanharem de perto o ambiente escolar a ser frequentado, principalmente pelas filhas, podem responder melhor esta opção.

Sobre a localização da escola os alunos de Santarém parecem satisfeitos, pois 87% deles assim o declararam diferentemente de seus colegas de Alter que declaram não estar inteiramente de acordo. Segundo eles a segurança do estabelecimento fica a desejar. Apenas 37% deles consideram a localização da escola boa e 33% e 18% avaliaram-na como sendo regular ou péssima. Seria interessante ressaltar que os dois grupos de jovens despendem muito pouco tempo para se

deslocar de casa até a escola. As distâncias são pequenas e a maioria dos alunos de ambas as escolas demoram menos de 30 minutos neste percurso. Entretanto, enquanto os alunos da escola pública fazem o trajeto a pé (87%), os alunos da escola privada utilizam-se de carro próprio, 35%, 35% usam ônibus e 23% vão à pé.
Mais especificamente, sobre as percepções a respeito da escola algumas informações são relevantes. Perguntados sobre o que mais gostam nesta instituição, ambos os grupos de alunos se dispersaram em múltiplas respostas. Entretanto é significativo que os alunos da escola privada elejam prioritariamente a convivência com seus colegas, 26%; 18% declararam gostar do conhecimento proporcionado por ela e 12% suas atividades esportivas. Já em relação a seus colegas de Alter do Chão o prioritário para 20% deles é o conhecimento divulgado pela escola, 19% disseram gostar de seus professores e apenas 17% elegeram seus colegas como sendo a parte mais interessante da escola. Ou seja, ainda que tenham mais familiaridade com o universo escolar pois seus pais são mais escolarizados, os jovens da escola Dom Amando parecem valorizar menos a proposta oferecida por ela do que seus colegas de Alter do Chão. Estes últimos, paradoxalmente, parecem desenvolver uma maior docilidade cultural enquanto que os outros parecem ser mais resistentes à proposta instrucional da escola. Como interpretar este comportamento? Arriscando uma resposta, talvez para os alunos do Colégio Dom Amando a escola represente apenas um espaço que dá continuidade ao fluxo de sua escolarização enquanto que seus colegas da instituição pública a escola representa a convivência com um tipo de conhecimento e saber que não encontram com facilidade em seu meio social. É como se os jovens do Ensino Médio de Alter do Chão encontrassem no ambiente escolar a promessa de uma vida menos limitada, uma porta para um futuro menos sujeito aos improvisos da garantia da sobrevivência.

Por outro lado, ainda que bastante dispersos em suas respostas na questão o que menos gostam na instituição escolar, 27% dos alunos da escola Dom Amando declararam não gostar dos funcionários, 13% reclamaram do ensino proporcionado e 12% criticaram seus professores. Diferentemente, no que se refere aos alunos da escola Dom Tiago, o item que apresenta concentrar maior descontentamento está no espaço físico da escola, 25% e 18% reclamaram também dos funcionários. Vale comentar que 22% dos alunos desta escola não responderam a esta questão sinalizando talvez um descontentamento geral a aspectos administrativos da escola já que no trabalho de campo foi observado a ausência de funcionários e espaços condizentes com o trabalho pedagógico de nível médio.

Como já verificado em uma série de estudos que investigam as percepções dos alunos frente a escola, a maior motivação em frequentar esta instituição se encontra na crença em um futuro promissor (GOMES, 1997; CORTI; FREITAS; SPOSITO, 2001; SPOSITO; GALVÃO, 2004; LEÃO, 2006). 67% dos alunos do Colégio Dom Amando se sentem motivados a frequentar a escola, pois estão investindo em um projeto de futuro enquanto uma porcentagem maior, 77% dos alunos da escola pública manifestaram a mesma motivação. Ambos os grupos declararam frequentá-la devido aos conhecimentos proporcionados por ela (15% na escola Dom Amando e 14% na escola Dom Thiago). Neste sentido, se uma ampla bibliografia aponta a valorização da escola como uma mediadora de planos de realização profissional, parte dela registra certo desencantamento dos jovens sobre estas possibilidades (GOMES, 1997; LEÃO, 2006; DAYRREL, 2002). Neste particular interessa considerar que entre os alunos aqui investigados a crença na escola como uma promessa de futuro parece ser permanente e generalizada. A escola tanto para os alunos da escola pública como para os da escola privada ainda se constitui na porta de acesso a realização de planos de carreira e estabilidade econômica. Nas entrevistas foram frequentes depoimentos de jovens de Alter do Chão expressando o desejo por uma formação em medicina, administração, jornalismo, carreiras extremamente competitivas e com poucas chances de serem alcançadas. É como pudéssemos lembrar as considerações de Pierre Bourdieu em relação às expectativas de sucesso entre os segmentos populares na Argélia. Segundo este autor, a variação entre uma expectativa estimada de sucesso e um sucesso real diminui à medida que as chances de realização dos sonhos se elevam, o que significa que o nível de aspiração e o nível de realidade, entre as necessidades e os meios, tende a decrescer à medida que as chances aumentam. Não nos deve causar admiração portanto o fato de que as aspirações dos santarenos tendem a se tornar mais realistas e submetidas a um cálculo racional na medida em que as possibilidades reais de sucesso que possuem são maiores. Assim, é possível deduzir, tal como fez Bourdieu, que os jovens santarenos estariam mais próximos de um pensamento moderno e racional, se comparados a seus colegas de Alter.

Para finalizar este item, vale ressaltar que 12% dos alunos da escola privada disseram frequentar a escola por que valorizam a convivência com seus colegas[39]. É curioso lembrar que nas entrevistas ao serem solicitados a descrever o que aprendiam na escola foi quase unânime entre os alunos o aprendizado das relações humanas. A escola, segundo eles, é um espaço de convivência onde se adquire um conhecimento, um saber propriamente dito de como se relacionar com o outro, o diferente, saber respeitá-lo. Ainda que possamos problematizar este discurso e sua correspondência na experiência real dos alunos é interessante observar que ele se encontra tanto na escola publica com na escola privada. Cumpre salientar ainda que o aprendizado de conteúdos relativos as disciplinas escolares sempre foi lembrado como secundário frente a vivência

---

39 Importa registrar que a importância da escola como espaço de sociabilidade entre pares é bastante comum na bibliografia consultada (Leão, 2006; Corti; Freitas; Sposito,2001, entre outras).

de se relacionar com seus pares. Neste sentido, vale reiterar as considerações de Sposito (2004) de que a escola para estes jovens padece de uma contradição, isto é, ainda que seja percebida como uma necessidade em relação ao futuro de cada um deles, hoje carece de sentido.

Dando continuidade sobre planos para um futuro próximo, após a conclusão do ensino médio é significativa a diferença de expectativas entre os jovens pesquisados. Nesta questão o comportamento dos jovens de Alter do Chão parece ser mais próximo à realidade e as condições de vida que desfrutam. Ou seja, enquanto a grande maioria dos alunos da escola privada pretende fazer vestibular, 69%, apenas 27% dos alunos da escola pública vislumbram esta possibilidade. 22% deles almejam fazer cursos profissionalizantes, 20% não se decidiram, e 12% pretendem procurar emprego. Por outro lado, pensando em planos de curto prazo, os alunos de ambas as escolas parecem ser realistas, neste item, pois perguntados sobre o que gostariam que acontecesse daqui a cinco anos, 56% deles gostariam de já ter obtido um diploma universitário e um bom emprego enquanto 46% de seus colegas de Alter, porcentagem relativamente menor, partilham o mesmo desejo. Entre estes últimos, 20% e 17% dos alunos da escola Dom Amando gostariam de estar ganhando dinheiro com seu próprio negócio; 15% dos alunos de Alter gostariam de simplesmente ter um emprego enquanto 6% de seus colegas assim o desejam. Ou seja, entre sonhos e aspirações, possibilidades e limites, os jovens pesquisados parecem confiar no futuro que se projeta ainda que com uma boa dose de ilusão.

Em relação às representações que possuem dos professores as informações são também bastante interessantes. Conquanto diferentes, ambos os grupos consideram que os professores possuem firmeza e autoridade. Ou seja, uma porcentagem expressiva, 76% dos alunos da escola publica parecem ver em seus professores figuras sérias e dignas de respeito enquanto uma porcentagem bem menor de colegas da escola privada, 58% têm, a mesma opinião. Independente da escola frequentada os jovens concordam que os professores são respeitosos para com eles, pois 86% em ambas as escolas assim o disseram e parecem satisfeitos com empenho destes. 78% dos alunos da escola Dom Amando e 85% dos alunos da escola Dom Tiago declararam que seus professores são dedicados. Dando continuidade a imagem que fazem de seus mestres, ambos os grupos afirmaram que seus professores não são indiferentes (81% nos dois casos). Perguntados se consideravam seus professores distantes em relação a eles, seus alunos, pôde-se observar certo descontentamento por parte dos alunos pesquisados. Isto é, 27% dos alunos da escola pública consideram seus professores distantes e 22% de seus colegas de Santarém assim o afirmaram. Neste item caberia um comentário. Dado a o histórico da qualidade do atendimento do anexo da escola Dom Tiago, em Alter do Chão estas declarações parecem soar contraditórias. Ou seja, embora com a ausência de aulas ou no melhor dos casos a pouca regularidade de seus professores em sala de aula, observa-se que os alunos de Alter do Chão, no geral, parecem estar satisfeitos com o desempenho dos professores. Estariam inibidos em responder suas reais considerações sobre seus professores? Sentir-se-iam habilitados a opinarem sobre a prática professoral? Vale acrescentar que consultados sobre a competência de seus professores 80% dos alunos da escola Dom Tiago não responderam e 52% de seus colegas da escola Dom Amando também não se sentiram à vontade em emitir uma opinião.

    Para finalizar este item valeria observar que os alunos também são capazes de fazer uma autocrítica. Perguntados sobre como avaliam o interesse dos alunos em relação a escola poucos foram os que manifestaram um entendimento favorável. Em outras palavras, 11% apenas dos jovens da escola Dom Amando avaliam positivamente e uma parcela considerável avaliou criticamente (69% regular e 19% péssimo) o interesse dos alunos pela escola. Já os alunos de Alter do Chão ainda que críticos com a própria postura, pois 44% consideram o interesse regular e 9% péssimo, avaliaram melhor seus colegas pois, 33% consideram que os alunos têm interesse pela escola. Em relação à infra estrutura da escola embora os espaços de cada uma delas seja bastante distintos observa-se novamente certa benevolência dos alunos da escola publica e uma maior espírito crítico de seus colegas da escola privada. Ou seja, sabendo que a estrutura física do prédio que acolhe o anexo da escola Dom Tiago não apresenta ser adequada para o desenvolvimento do ensino do médio, chama atenção que menos da metade dos alunos ousem criticá-la. Apenas 40% declararam péssimos os espaços de laboratório e de recursos de informática. Ou seja, respostas improcedentes, pois a escola não possui nenhum deles. Portanto porque aproximadamente 24% creem que estes aspectos são bons ou regulares? Em relação à biblioteca, a mesma inquietação permanece. Constituída basicamente de um acervo para o ensino fundamental, porque é considerada boa e ou regular por aproximadamente 40% de seus alunos? Julga-se que estes alunos pouco conhecem uma realidade escolar bem aparelhada e destinada a uma formação criteriosa. Sem familiaridade com a cultura escolar, tudo leva a crer que as categorias de avaliação parecem ser pouco pertinentes. Por outro lado, os alunos da escola Dom Amando, privilegiados por terem acesso a uma estrutura escolar melhor aparelhada, aparentam ser mais críticos. Em relação à biblioteca ainda que não seja extensa, 30% demonstraram estar insatisfeitos; no que se refere à sala de aula com ar condicionado, 40% não estão satisfeitos; no tocante ao laboratório e aos recursos de informática, 44% e 51% respectivamente fizeram críticas a eles. Cabe observar que na visitação à escola foi possível verificar que ainda que se possa fazer alguma crítica a estes espaços, causa espanto o elevado número de alunos descontentes nestes quesitos.

No tocante ao trabalho pedagógico desenvolvido por estas instituições, cumpre apresentar alguns aspectos interessantes.

Embora saibamos das diferenças de projetos educativos e empenho do corpo docente das escolas pesquisadas chama atenção também o alto grau de satisfação de seus alunos. Ou seja, mesmo que os alunos da escola Dom Amando demonstrem estar mais satisfeitos com a forma com que os conteúdos são transmitidos, os alunos da escola Dom Tiago não fogem muito deste comportamento. Mais especificamente perguntados sobre se a escola propõe discussões sobre a atualidade, 68% dos alunos da escola privada disseram que sim e 55% dos alunos da escola publica assim também concordaram; solicitados a responder se os conteúdos disponibilizados pelas disciplinas estabelecem relações com o cotidiano, 53% dos estudantes da escola Dom Amando assim afirmaram e 49% dos estudantes da escola Dom Tiago também concordaram com esta assertiva. Sobre a oferta de atividades extra classe ou atividades alternativas às aulas expositivas observa-se que festas e gincanas e feiras de ciências são as mais frequentes, pois aproximadamente 70% dos alunos disseram que as escolas se empenham em organizá-las.[40] A projeção de filmes, a organização de grupos de coral bem como estudos sobre o meio ambiente só às vezes são organizados pelas escolas, sendo mais comuns na instituição Dom Amando. Vale ressaltar, para melhor caracterizar o tipo de ensino e o grau de contentamento dos alunos, que os grupos de coral foram citados por 43% dos alunos da escola Dom Amando como uma atividade frequente. Por outro lado, o estudo do meio ambiente parece ser mais favorecido pela escola pública. Palestras e debates também são atividades mais comuns na escola privada, pois 72% dos alunos declararam ter essa oportunidade às vezes, sendo que o índice na escola publica decresce para 65% neste item. A organização ou a apresentação de peças de teatro às vezes são contempladas como alternativas pedagógicas em ambas as escolas ainda

---

40 Cabe colocar os números mais detalhadamente. No que se refere as gincanas 85% e 64% respectivamente dos alunos do Colégio Dom Amando e Dom Thiago assim o responderam; em relação à feira de ciências as porcentagens são 83% e 70%, respectivamente.

que o Colégio Dom Amando ofereça mais vezes este recurso (67%) se comparada a escola Dom Tiago (49%), segundo a declaração de seus alunos.

No que se refere aos aspectos administrativos da escola a percepção dos alunos também se revela interessante. Isto é, confirmando uma postura mais condescendente dos jovens da escola pública, 55% deles estão satisfeitos com o trabalho da direção da escola, 30% avaliam como regular e apenas 1% declarou péssimo. Por outro lado, 40% dos alunos da escola privada consideram bom o trabalho de direção, 37% regular e 21% consideram-na péssima. Estas respostas também podem causar certo estranhamento, pois conhecendo o histórico das dificuldades dos anexos escolares, o nível de satisfação dos alunos de Alter do Chão parece contraditório.

O horário das aulas, é considerado bom por metade dos alunos de ambas as escolas (50% em ambos os casos). Novamente os estudantes da escola privada são mais críticos, pois 41% avaliam-no como regular e 9% péssimo. 35% de seus colegas de Alter consideram regular e 8% consideram péssimo o horário das aulas.

No tocante à liberdade de expressão observa-se que os alunos de Santarém continuam ser mais exigentes. Apenas 26% consideram-na boa em contraposição a 54% de seus colegas de Alter. A liberdade de expressão concedida pela escola parece ser, portanto um valor mais estimado pelos alunos da escola Dom Amando pois 43% deles avaliaram ser regular e 29% disseram ser fraca a liberdade vivida dentro da instituição. Perguntados se os professores eram autoritários, ainda que a grande maioria das duas escolas tenha dito que não (66% entre os alunos do Colégio Dom Amando e 75% entre os alunos do anexo da escola Dom Tiago), uma porcentagem significativa de alunos da escola privada declarou diferente, ou seja, 26% deles disseram que os professores abusam da autoridade. Sobre a forma como são respeitados pelos professores, funcionários e direção dentro da escola os alunos da escola Dom Amando parecem ser mais críticos. Assim enquanto 33% dos jovens de Alter consideram regular ou fraco este quesito 53% dos jovens de Santarém declaram não estar satisfeitos com a forma como são tratados. Confirmando o grau de insatisfação com a administração / direção de suas escolas 85% dos estudantes da escola privada consideram que a instituição não considera a opinião dos alunos enquanto que uma porcentagem bem inferior de alunos da escola pública assim considerem, 52%. Vale registrar que outros estudos corroboram este entendimento de que a escola está sendo pouco eficiente em saber administrar demandas específicas de seu alunado (CORTI; FREITAS; SPOSITO, 2001).

No item convivência entre os alunos o grau de satisfação aparenta ser mais acentuado. 50% dos alunos da escola em Alter consideram bom enquanto uma porcentagem maior de alunos da escola privada, 66%, assim avaliaram. Sobre a atenção e respeito dos funcionários das escolas novamente os alunos da escola Dom Amando parecem ser mais exigentes. Em outras palavras, 35% e 10% consideram o tratamento regular ou péssimo, respectivamente, enquanto uma porcentagem bem menor de alunos da escola publica declararam-se insatisfeitos, ou seja, 26% consideram regulares e apenas 5% consideram péssimas as relações entre funcionários e alunos.

Sobre o item de como a escola resolve as tensões entre alunos, entre professores e alunos e problemas pessoais discentes, foi possível observar um maior descontentamento entre os jovens que frequentam a escola privada. Ou seja, as tensões entre os alunos segundo eles não são bem conduzidas pela administração, pois 43% avaliaram regular e 24% avaliaram fraca neste quesito. Já 30% e 26% de seus colegas de Alter são da opinião que a escola tem uma postura regular e ou fraca, respectivamente, na experiência de gerir conflitos. Nos embates entre professores e alunos, apenas 33% dos jovens estudantes da escola Dom Amando consideram que a escola faz um bom trabalho e uma porcentagem bem superior, 45% de seus colegas da escola publica são desta opinião. Vale ressaltar que ainda que se veja diferenças entre as opiniões do corpo discente destas escolas é possível afirmar que existe certo grau de descontentamento em ambas pois 65% e 45% de alunos do Colégio Dom Amando e da escola Dom Tiago, respectivamente, fazem críticas a forma de gestão das relações entre os dois principais subgrupos de ensino destas instituições.

No que se refere a forma com que a escola se relaciona com cada um de seus alunos o nível de satisfação também não é muito grande. Solicitados a apreciar se se sentem bem avaliados em relação aos conhecimentos adquiridos, ainda que mais de 50% dos alunos da escola Dom Amando e 50% da escola Dom Tiago considerem boa a avaliação recebida, 42% da primeira escola e 44% da segunda acreditam que poderiam ser melhor avaliados. Neste sentido seria razoável as criticas de 74% de alunos da escola privada e 64% dos alunos da escola publica ao declarem que a escola não dá importância a seus problemas pessoais.

É possível inferir, pois que existe uma tensão permanente nas relações entre administração, corpo docente e discente, segundo a percepção de seus alunos. Conquanto haja esforços de ambas as instituições, privada ou pública, observou-se que os alcances e limites da socialização escolar convivem mais com críticas do que com satisfações. Como bem lembra Candido,

> a escola constitui um ambiente social peculiar, caracterizado pelas formas de tensão e acomodação entre administradores e professores – representando valores cristalizados na sociedade – e os imaturos, que deverão equacionar, na sua conduta, as exigências desta com as da sua própria sociabilidade. [...] Aqueles exercem um conjunto de pressões que atendem mais aos interesses da organização social do que aos interesses destes, e estes reagem a seu modo, procurando dar expressão à sua sociabilidade própria. Estabelece-se deste modo uma dupla corrente de sociabilidade: a que envolve o ajustamento

do imaturo aos padrões do adulto, e a que exprime as suas necessidades e tendências. Na confluência de ambas situa-se a prática pedagógica, tanto mais satisfatória quanto melhor conseguir atenuar a tensão das duas correntes (CANDIDO, 1978, p. 110-111).

Conclusões parciais

Em linhas gerais, a partir dessa exposição foi possível apreender que ainda que haja diferenças entre as opiniões percebe-se um nível de descontentamento geral entre os jovens. Podemos verificar que o campo de maior tensão se encontra nos aspectos pedagógicos de controle e imposição de conduta por parte dos administradores e funcionários das escolas. Aspectos relativos a conflitos entre alunos e pessoal pedagógico e a maior liberdade de expressão no interior da escola são temas controversos no universo pesquisado, corroborando pesquisas anteriores. é como se esses alunos nos ajudassem a confirmar o entendimento de que o processo de socialização escolar é construído a partir de resistências e tensões. Processo no qual grupos de indivíduos se enfrentam na disputa de colocar limites na atuação de seus parceiros. Socializados e socializadores lançando mão de suas disposições de habitus específicas trabalham no sentido de se ressocializarem num movimento contínuo de demandas.

Pode-se também observar que dentre os aspectos do espaço de socialização escolar, o que mais se destaca entre os alunos da instituição privada são as relações interpessoais propiciadas pelos encontros cotidianos com colegas da mesma idade e o aprendizado das relações humanas que essa sociabilidade possibilita. Entre os alunos do estabelecimento público, ainda que o contato diário com os pares seja também visto como positivo, os discentes ressaltam a preocupação com o aspecto instrucional da escola e a convivência com professores. É como se esses alunos vissem o ambiente socializador da escola uma via de acesso a um futuro diferente do vivido até o momento.

Assim, é possível compreender que a escola para os grupos investigados tem sentidos bem diferentes. Para os jovens da instituição privada, a escola é percebida como um espaço de continuidade a um processo socializador vivido na família. Suas perspectivas em relação a ela são de longo prazo e a carreira de estudante faz parte de seus planos futuros. Longe das preocupações com a sobrevivência, vivenciam o período da adolescência com uma irresponsabilidade provisória. Ao contrário, para seus colegas da instituição pública, a escola faz parte de um período curto, um momento em que a oportunidade de tomar contato com o outro universo deve ser aproveitado e valorizado.

Ressalta-se todo o tempo uma visão mais crítica dos alunos da escola privada e uma maior docilidade cultural entre os alunos da instituição pública. Conhecendo o histórico de suas diferentes experiências de socialização, tanto na esfera familiar como na esfera escolar, apontou-se certo estranhamento frente a avaliações dos alunos da escola pública.

Seria possível afirmar que na realidade estudada, ambas matrizes de cultura - família e escola - operam de maneiras diferentes. Isto é, entre os jovens da escola provada verificou-se uma trajetória educativa linear em que projetos pedagógicos da família e da escola parecem se articular em sinergia, com estratégias complementares que poderiam ser denominadas afinidades eletivas. Desta forma, o processo de socialização escolar acabaria por reforçar disposições de habitus próprias de um grupo social privilegiado. Já entre os alunos da escola pública, verifica-se uma ruptura entre processos socializadores da família e da escola, ainda que esta última carecesse de estímulos pedagógicos eficientes.

Ou seja, tudo leva a crer que aspectos de uma socialização familiar e escolar diferenciada entre os alunos pesquisados ofereceram formas distintas de avaliar a situação em que se encontram. Grande parte dos alunos da escola privada ao revelar serem mais críticos e exigentes, demonstrou também, segundo o raciocínio acima, ter recorrido a um conjunto de disposições de habitus disponibilizado pela trajetória e experiência anterior, experiências vividas em ambientes que facilitaram um acúmulo de competências acerca do universo escolar. Mais especificamente, esses alunos se sentiram mais desembaraçados em avaliar suas vivências escolares. Parecem ter usufruído da bagagem disponibilizada em diferentes espaços de socialização e demonstraram por em uso uma postura realtiva a posição de um grupo social privilegiado. Ou ainda, acostumados a comprar serviços de terceiros, sentem-se no direito de cobrar a excelência da mercadoria educação.

Por outro lado, expressando um comportamento distinto, uma parcela significativa de alunos da escola pública responderam às indagações da pesquisa sobretudo a partir do princípio de outro pertencimento social. Tudo leva a crer que um habitus configurado em experiências distantes de uma tradição letrada impossibilitou ponderações críticas mais contundentes, mesmo quando a precariedade da realidade escolar vivida possibilitava. Poderia afirmar que entre os jovens desta instituição há certa ambivalência ou certo descompasso entre a realidade da escola frequentada e as avaliações a respeito dela. É possível também que tragam consigo a percepção da oferta da escola pública como uma doação do Estado e não como direito.

Grosso modo, poderia considerar que o acesso a processos de socialização familiar e escolar diferenciados revelou ainda que a máxima proposta por Bourdieu sobre a correspondência entre hierarquias sociais e hierarquias escolares ainda é uma realidade no contexto em questão. A inserção relativamente precoce de jovens no universo da escolarização e o estilo de vida nela preconizado, bem como a familiaridade com planos de continuidade nos estudos, ou experiências opostas a estas, de fato, parecem contribuir para a construção de distintas avaliações por parte dos jovens.

Contudo, essas conclusões ainda que importantes, não parecem ser suficientes. Parecem ser apenas a confirmação de um paradigma sociológico da reprodução já abusivamente discutido.

Ainda que esse paradigma seja um bom instrumental para analisar realidades sociais em que a escola se apresenta como elemento de classificação das posições sociais, como é o caso brasileiro, julga-se que poderia tentar compreender tais distinções a partir de uma interpretação complementar. As realidades sociais são complexas e um esforço de alcançar seu entendimento às vezes não se esgota em um único movimento teórico.

Mas para isso teria que voltar à pergunta inicial. Poderia atribuir essas diferenças de avaliação a processos de socialização distintos? Sim, creio que as distintas condições sociais de existência dos jovens pesquisados são evidentes. Entretanto, paralela a explicação das diferenças de avaliação ou sobre a benevolência delas pela ausência de uma familiaridade com a cultura escolar, entre os jovens da escola pública, arriscaria responder que as diferenças de percepção foram construídas em função de uma específica maneira de se apropriar dos saberes e da experiência escolar.

Ou seja, provenientes de famílias com baixos recursos econômicos e um baixo capital cultural escolar, os alunos da escola pública percebem o espaço da socialização escolar como um privilégio e não um direito. A escola que usufruem é para eles, de fato, um espaço rico em experiências e contatos culturais; a escola está, sobretudo, distante do universo promovido pela família de origem. Ainda que tenham tido acesso a um modelo de escola passível de crítica, esses alunos, em função de um pertencimento de classe, sabem aproveitar essa experiência. Mais do que isso, forjam suas disposições de maneira ambivalente e ou híbrida. Ainda que as disposições de cultura da matriz familiar tenham a centralidade na composição de seu *habitus*, suas percepções sobre a escola não espelhariam contradições. Na realidade, segundo a perspectiva da ambivalência (THIN, 1998, 2007), as representações desses alunos não poderiam ser qualificadas enquanto produto de uma falta. Suas percepções positivas a respeito da escola pública não seriam contraditórias, mas expressariam características híbridas de suas disposições de *habitus*. Mais prudente seria então compreendê-las como diferentes maneiras de se apropriar e fazer uso das experiências de socialização escolar que ainda que incompleta já se manifesta significativa para os grupos sociais menos favorecidos.

Para finalizar, afirmaria também que se o objetivo desta reflexão foi o de compreender sociologicamente as diferentes percepções que os alunos do ensino médio da cidade de Santarém, têm a respeito da escola, se a intenção foi analisar o lugar que esta instituição ocupa em suas vidas, suas expectativas em relação a ela, como avaliam seus professores e o conhecimento que ela disponibiliza é certo que se obteve informações relevantes. Ou seja, se o empenho foi desenvolver uma análise compreensiva sobre a importância da matriz de cultura escolar a fim de observar sua capacidade de construir um *habitus*, em outras palavras, categorias de pensamento e julgamento nos jovens pesquisados, é possível afirmar que um olhar isolado sobre ela pouco contribuirá para se pensar sobre sua influencia socializadora. Seus usos e apropriações estão indissociavelmente relacionados a condições específicas de socialização familiar.

Nesse estudo, pode-se perceber que para aqueles que acumularam uma trajetória de escolarização positiva, a escola fez diferença; trabalhando em sinergia com experiências socializadoras adquiridas em outros espaços sociais (família), tudo leva a crer que a vida escolar pode contribuir para instrumentalizar lógicas avaliativas reflexivas, pode oferecer um desembaraço que, nesse caso, não se reduziu ao instrucional, mas que sobretudo, se traduziu em uma postura crítica em relação às questões que envolviam um processo de escolarização. Para aqueles que não acumularam experiências formativas privilegiadas, a escola também fez diferença. Ainda que com funcionamento irregular e merecedora de mais atenção, ela pode representar mudanças e rupturas em relação à condição de vida de segmentos populares. Disponibilizando instrução, estimulando expectativas de um futuro melhor, quem sabe chegue a transformar a realidade presente.

CAPÍTULO QUATRO

LAZERES E PRÁTICAS DE CULTURA ENTRE OS JOVENS DE SANTARÉM

Dentre os estudiosos que se ocupam dos processos socializadores, a polêmica acerca da centralidade da escola e das mídias na formação das disposições de *habitus* passou a ser um assunto obrigatório (LAHIRE, 2006; DONNAT; COGNEAU, 1990; TOLILA, 2003; DONNAT, 2003; COULANGEON, 2003, 2003a, 2007; BRANDÃO, 2010; PASQUIER 2005; SETTON, 2005, 2008; PIPINIS, 2008; RATHIER, 2008; HEDER, 2008). Dada a nova configuração estrutural e institucional da vida na modernidade, discursos sobre o poder de circulação das múltiplas referências culturais conferem aos conceitos mundialização (ORTIZ, 1994), interculturalidade ou hibridismo (GARCIA-CANCLINI, 1997, 2007) uma importância epistemológica significativa para a área da Sociologia da Educação. É nesse campo de preocupações que a presente reflexão está inserida. Ou seja, este capítulo dará ênfase a uma descrição e análise do gosto cultural de jovens do ensino médio, residentes na região norte do Brasil na intenção de conhecer a centralidade da escola e das mídias na formação de suas disposições de cultura com base no conhecimento de suas práticas e lazeres cotidianos. Em outras palavras, importa saber se teriam eles mais acesso a mercadorias provenientes de uma cultura midiática, uma cultura letrada (escolar) ou de uma cultura local ou a forma como eles mesclam todas essas influências.

A intenção é desvendar os significados do consumo e das práticas culturais dos jovens a fim de identificar as categorias e princípios identitários que expressam (locais ou globais), os ideais que cultivam (eruditos ou populares) bem como entender os estilos de vida (tradicional ou moderno) que sustentam novas ou mantêm permanências culturais. Considera-se importante familiarizar-se com suas opções de cultura, sejam elas veiculadas pela escola, pela mídia ou pelo ambiente de origem, visando à compreensão do universo de cultura no qual estão mergulhados. É intenção também ir além de um simples conhecimento, ainda que essa etapa seja essencial. Pretende-se a partir dele fazer uma comparação entre lazeres e práticas de cultura mais presentes entre jovens com condições de socialização muito distintas observando, assim, o jogo da *distinção* simbólica entre eles. Nesse sentido, este texto dialoga com as armadilhas da modernidade. Ou seja, tentará compreender a porosidade de uma cultura local em contato com uma cultura mundializada de bens (ORTIZ, 1994) atravessada constantemente por determinações de ordem econômica relativas a distintos condicionamentos sociais.

Parte-se do pressuposto de que o consumo jovem pode ser visto como um espaço de revelação das disposições híbridas de *habitus*, isto é, um consumo que daria pistas sobre o espírito de um tempo no qual os determinismos classistas, ainda que presentes, ora seriam ora não seriam mais suficientes para expressar as diferenças ou semelhanças entre os grupos. O movimento inicial é entender o consumo e as práticas de cultura como um sistema de significação que cumpre a necessidade simbólica de tecer redes de integração e exclusão entre os jovens (DOUGLAS, 2006).

Vale salientar também que, ao se tratar de um grupo de jovens, seria forçoso investigar o tipo de cultura mais próximo a essa faixa etária optando-se então pela produção cultural com origem na cultura de massa. Parte-se do pressuposto de que a comunicação de massa realiza a dimensão ampliada de um código levando com que os jovens se socializem para o consumo de forma semelhante. A cultura de massa, a mídia, o marketing e a publicidade interpretam a produção, socializam para o consumo e oferecem um sistema classificatório que permite ligar um produto a cada outro e, todos juntos, a experiências de vida (DOUGLAS, 2006).

Por outro lado, é importante diferenciar práticas estreitamente relacionadas com lazeres modernos, como a Internet, ou ainda *passatempos* mais tradicionais, como a leitura de poesias ou mesmo atividades que se realizam individualmente ou em grupos, como o assistir à TV. Se a intenção era investigar a importância das mídias como vetores da modernidade, considerou-se necessário também ordenar as atividades entre aquelas que poderiam ser, tendencialmente, mais urbanas do que outras, para poder circunscrever melhor o gosto dos grupos investigados.

Por último, a fim de observar as articulações entre as práticas culturais mais afeitas ao universo escolar e/ou de uma cultura culta foi preciso abordá-las segundo o nível de legitimidade, considerando as reflexões de Pierre Bourdieu (1979) e Bernard Lahire (2006). Os consumos são exercícios de marcação ou de alinhamento entre grupos e indivíduos. Assim, o valor de cada produto depende de seu lugar numa série de outros objetos complementares. A abordagem deve, pois, capturar todo o espaço de significação em que os objetos são usados. E, como diria uma larga tradição sociológica, o consumo é também a arena na qual a cultura é objeto de lutas que lhe conferem formas. Dentro do tempo e do espaço disponíveis o indivíduo usa o consumo para dizer alguma coisa sobre si mesmo, sua família, sua localidade, seja na cidade ou no campo, nas férias ou em casa (DOUGLAS, 2006).

Assim, os bens não são meras mensagens; esses constituem o próprio sistema de trocas, fazendo lembrar a noção de *fato social total* de Marcel Mauss. Ou seja, as trocas simbólicas são constitutivas da vida social e individual e envolvem todos nas várias esferas de vida de cada um. O significado está na relação entre os bens e as pessoas dentro de um contexto temporal e historicamente determinado.

A escolha do contexto

A cidade de Santarém e o seu mais antigo distrito, a vila de Alter do Chão, revelam-se espaços interessantes para se compreender a interpenetração de temporalidades (o tradicional e o moderno) e valores de cultura distintos (local, global; cultura culta e cultura oral). Distantes dos centros hegemônicos de poder e cultura, ainda imersos em uma tradição mítica e religiosa (MONTEIRO, 1983; PAES LOUREIRO, 2007), realidade pouco escolarizada e fortemente dependente de uma economia extrativista e primária, essa localidade também é caracterizada por belezas naturais que despertam o interesse de um turismo em franca expansão. De todas essas características conclui-se que a região escolhida é ideal para ser usada como pano de fundo, inquietações teóricas sobre o processo de articulação e, mais propriamente, a interculturalidade ou hibridação cultural vividas no Brasil na contemporaneidade (GARCIA-CANCLINI, 2011, 2007).

Crê-se ainda que as singularidades, as configurações grupais, as diferenças de trajetórias entre os jovens pesquisados, as articulações de matrizes vividas por eles só ganham sentido quando organizadas segundo uma perspectiva relacional entre a diacronia de suas histórias pessoais e familiares e a sincronia de suas reais condições de existência material e cultural. Assim, para a análise de questões sobre o consumo e práticas culturais desses jovens, foi importante trazer um pouco da história e das experiências dos lazeres de massa ou lazeres específicos da região.

Ou seja, para contextualizar a relevância da escola e das mídias na formação de disposições de *habitus* dos jovens santarenos, lembrar-se-ia que, a partir da década de 70, com o crescimento de um mercado de bens simbólicos, pôde-se visualizar outra configuração sociocultural no Brasil. Surge timidamente, mas aos poucos se consolida, um mercado difusor de informações e de entretenimento com um forte caráter socializador (ORTIZ, 1988; THOMPSON, 1995; HALL, 1997). Atenta-se aqui para o surgimento da cultura de massa. Essa, com toda sua diversidade e seu aparato tecnológico, com a capacidade de publicizar conselhos e estilos de vida (MORIN, 1984), passa a difundir uma série de propostas de socialização. Partilha, pois, junto com a família, a religião e a escola uma responsabilidade educativa. Nesse contexto, é necessário conceber uma nova articulação entre as instâncias socializadoras. Família, religião e escola que se tradicionalmente eram vistas como tendo o monopólio da formação de *habitus*, aos poucos perdem o poder na construção das identidades sociais e individuais dos sujeitos (SETTON, 2005a).

Para os objetivos desta reflexão reitera-se que o fenômeno da cultura de massa, responsável pela circulação de informações, aliado a uma reorganização das instituições tradicionais da educação, constrói um ambiente propício à difusão de valores e padrões de conduta diversificados que passam a fazer parte do repertório cultural de todos. Nesse contexto, as mídias apontam para uma nova arquitetura nas relações socializadoras cujas mediações culturais não se realizam apenas nos espaços institucionais tradicionais. Ao contrário, essa nova configuração põe em prática outras modalidades educativas circunstanciando a particularidade do processo de socialização na contemporaneidade. Mais especificamente, estudos revelam presença marcante dos produtos culturais midiáticos na formação cultural do brasileiro, suas características para didáticas, fortemente articuladas a um gosto popular pouco escolarizado (SETTON, 2004). Nesse sentido, cabe ressaltar que o imaginário ficcional das mídias há muito mais tempo vem colonizando nossos espíritos. Além disso, esse imaginário está mais presente no cotidiano de muitos segmentos sociais brasileiros, sobretudo aqueles com baixa escolaridade, moradores ou não das formações periféricas.

Mais especificamente em Santarém, segundo Fonseca (1996), já em 1912 a sociedade local tinha acesso à produção cinematográfica. Nos anos 1930 e 1940, o município possuía duas salas de projeção. Como ainda era época do cinema mudo, cada um deles contava com seus músicos. O *Cine Vitória* (filmes do Estúdio *Paramont e Metro Goldwyn Mayer*) e *Cine Guanabara* (filmes dos estúdios *Universal Filmes e Universal Arts*) fizeram história e não só disponibilizavam essa diversão à elite local como a estendiam à população menos favorecida. Os filmes, segundo relatos, eram os mesmos que circulavam nos centros do país (FONSECA, 1996).

Quanto às iniciativas radiofônicas locais, apurou-se que elas datam do final da década de 40, mais precisamente em 1948, com a inauguração da *Radio Clube de Santarém*. Se nessa época a luz elétrica só estava disponível à noite, as emissões de rádio diurnas eram feitas por alto-falantes. Destacam-se ainda a *Radio Emissora de Educação Rural,* chamada *Radio Educadora*, dos anos de 1960, comprometida com a educação de jovens e adultos e a Pastoral da Terra (FONSECA, 1996). Hoje a campeã de audiência é a *Radio Tapajós*.

Segundo Collares (2003), desde os anos 60 do século passado, a escola representa a promessa de um futuro melhor, ou seja, um espaço de socialização e controle familiar frente aos desafios do universo urbano. Até o momento o sistema de ensino não conseguiu universalizar-se na região. É possível observar um expressivo crescimento populacional ao lado de uma incipiente oferta escolar configurando baixos níveis de escolaridade e a raridade de uma cultura escolar na região. Dessa forma, cumpre investigar sua presença na formação do gosto e das práticas de cultura de sua população jovem.

O perfil social dos jovens pesquisados [41]

Num esforço de melhor caracterizá-los seria oportuno levar em conta que mesmo apresentando uma condição material bastante limitada. Em 2005, 60% dos alunos da escola pública possuem telefone celular, 52 % têm aparelhos de som, 62% possuem um rádio e 18% possuem mais de um aparelho radiofônico. 19% possuem mais de uma TV em sua casa e 61% possuem apenas um aparelho de TV. Assim, embora as condições de moradia sejam desfavoráveis, pois 30% não possuem banheiro no interior de sua casa, o acesso a outros bens possibilitados pela modernidade está presente em sua vida.

Como foi observado, se o poder aquisitivo dos alunos da escola privada é mais elevado, seria esperado que o nível de acesso a esses bens fosse expressivamente diferenciado. Ou seja, 46% têm mais de um aparelho de som e 84% têm mais de um aparelho de TV em suas residências. 86% deles declararam que a família tem mais de um aparelho celular. No item computadores os índices afirmam as diferenças acima descritas. 90% das famílias dos alunos da escola pública não tiveram oportunidade de comprá-lo enquanto 73% das famílias dos estudantes da escola privada já estão familiarizadas com o mesmo.

Dados sobre a pesquisa

A pesquisa em questão supôs, inicialmente, que todos os estudantes investigados poderiam ter uma opinião acerca de seus lazeres. Acreditou-se no pressuposto de que os diferentes grupos colocados diante de questões sobre práticas de cultura caracterizar-se-iam pela probabilidade de terem uma opinião e tendo-a, uma probabilidade condicional de tecerem

---

41 Nos capítulos anteriores já se apresentou dados sociais e culturais das famílias dos estudantes pesquisados.

comentários sobre ela. Todavia, as diferenças encontradas no número de *não respostas* entre os grupos investigados levaram a se perguntar sobre os fatores que levaram os jovens interrogados a tais abstenções.

Todavia, as *não respostas* podem tornar-se também reveladoras da condição de cultura que vivenciam. Assim, vale o exercício de investigar quais as questões que menos sensibilizaram esses estudantes e observar como elas podem ser qualificadas. Chama atenção primeiramente para a diferença de *não respostas* entre alunos da escola pública e os da escola privada. Quase todas as questões foram respondidas pelos jovens desta última. As altas taxas de jovens da escola pública que não se dispuseram a responder grande parte das questões são extremamente significativas. É como se as informações solicitadas não fizessem parte de sua rotina ou, ainda, que não se sentissem suficientemente habilitados a opinar sobre as mesmas, desconsiderando-as.

Baseando-se em pesquisas (BOURDIEU, 1983), inferiu-se que a probabilidade de responder a uma pergunta sobre lazer estaria objetivamente ligada a um conjunto de variáveis semelhantes àquelas que determinam o acesso a tal tipo de prática. Isto é, para construir um argumento sobre essa dimensão de suas vidas, seria preciso serem capazes de aplicar categorias reflexivas sobre essas atividades, aprendidas previamente, segundo experiências de socialização anteriores. Portanto, a primeira condição para se responder adequadamente a uma questão seria, pois, estabelecer o sentido que elas teriam no cotidiano.

Não obstante, se a intenção era conhecer o perfil das práticas de cultura desses jovens essas informações já foram por si só bastante reveladoras. Olhando mais detalhadamente, pôde-se verificar que os maiores índices de *não respostas* estão expressivamente entre as atividades que envolvem um exercício de memorização a partir de categorias habituais de uma cultura escrita ou letrada, ou seja, a) nomes dos títulos de jornais, b) a opção por um gênero de leitura em revistas ou livros e c) a nacionalidade de autores. Referem-se a aspectos que parecem distanciar-se do universo de conhecimento do cotidiano de boa parte deles. Tudo leva a crer, como se verificará que a esfera letrada não está totalmente ausente de suas vidas, contudo a dimensão que exige seu exercício e um nível de classificação e hierarquização prévias parece estar bem afastada de alguns. Vejamos.

Tabela 1

	Escola Privada	Escola Pública
Não Resposta	%	%
Título jornal que lê	74	94
Gênero revista	45	87
Nacionalidade autor	44	77
Gênero livro	38	74

Fonte: Pesquisa Família, religião, escola e mídia: um estudo sobre práticas de socialização contemporâneas 2005-2007.

Por outro lado, a ausência de respostas em questões relativas ao nome de um artista no campo da música, aparentemente, pode soar estranho, pois a compra de CDs faz parte dos seus hábitos de consumo. Porém, o registro por escrito do respectivo nome, a prática em exercitar esse procedimento ou a despreocupação em memorizar nomes que podem revelar certo trabalho de classificação anterior ou que também podem revelar uma preocupação em identificar hierarquias de gênero sugere que o grupo da escola pública não se preocupa em formalizar entendimentos provavelmente pouco úteis no universo de suas relações.

Tabela 2

	Escola Privada	Escola Pública
Não Resposta	%	%
Compositor estrangeiro	40	70
Cantor estrangeiro	25	63
Cantor nacional	23	58

Fonte: Pesquisa Família, religião, escola e mídia: um estudo sobre práticas de socialização contemporâneas 2005-2007.

Já no tocante às práticas de grande apelo civilizador do olhar e dos corpos esta questão se repete. Aquelas atividades que solicitam experiências socializadoras anteriores, as quais condicionam um comportamento fortemente disciplinado e contemplativo ou a posse prévia de um código apreciativo como a assistência a teatros, visitas a museus e parques também ajudam a qualificar um estilo de cultura com que o grupo parece estar menos familiarizado.

Tabela 3

	Esc. Privada	Esc. Pública
Não Resposta	%	%
Teatro	3	41
Parques	2	40
Museus/exposições	2	41

Fonte: Pesquisa Família, religião, escola e mídia: um estudo sobre práticas de socialização contemporâneas 2005-2007.

Vale lembrar que mesmo as taxas de *não resposta* com índices expressivos, contudo, menores do que às anteriores, portanto entre 36% a 28%, como a frequência a cinemas, bibliotecas e/ou o exercício do registro de pensamentos, igualmente indicam que o universo de cultura no qual circulam esses jovens parece não envolver disposições formais necessárias à apreciação de todas elas. Ainda nas atividades mais incertas ou voluntárias, como assistir a shows e concertos, integrar grupos musicais ou mesmo tocar um instrumento musical, todas parecem exigir, de certa forma, experiências e, por conseguinte, uma disponibilidade de tempo e dinheiro ou disposição para um trabalho intelectual definido que demandaria uma aprendizagem anterior.[42]

---

42 O número de não respostas entre as mulheres está mais presente nas questões relativas à: frequência a teatros, shows e concertos, parques, bibliotecas, participação em grupos musicais e prática de um instrumento musical; entre os homens estão as questões: nacionalidade do escritor, gênero do livro de preferência, gênero da revista lida; igualmente não respondidas por homens e mulheres, estão as questões nome do jornal, compositor estrangeiro de preferência, idas a exposições e museus e hábito de leitura de livros.

Tabela 4

	Escola Privada	Escola Pública
Não Resposta	%	%
Instrumento Musical	4	36
Cinema	1	36
Grupo musical	2	35
Shows/concertos	1	33
Biblioteca	2	32
Lê livros	7	28
Pensamentos	4	28

Fonte: Pesquisa Família, religião, escola e mídia: um estudo sobre práticas de socialização contemporâneas 2005-2007.

Por outro lado é forçoso comentar onde se encontra as menores taxas de *não respostas*. É expressivo que estejam localizadas nas práticas em que se exige menor concentração ou dedicação prévias e não demandem um trabalho formal e sistemático. Ou seja, a familiaridade com tais lazeres ou práticas depende apenas de uma cultura de fruição e do entretenimento, pura e simplesmente. Observadas com base no critério de *não resposta,* verifica-se que os entretenimentos relativos ao campo da cultura da televisão e do rádio são aqueles mais próximos ao universo de cultura do segmento estudado de ambas as escolas. Aqueles nos quais os jovens estão mais familiarizados e, portanto, mais confortáveis para emitir uma opinião ou conhecimento; ou melhor, sentem-se habilitados a fazê-lo, pois elas fazem parte do cotidiano de quase todos.

Tabela 5

	Escola Privada	Escola Pública
Não Resposta	%	%
Costuma Zapiar	2	15
Genero programa TV	5	14
Vê Tv na cama	3	14
Liga TV sabendo programação	3	14
Comenta Programa TV	3	13
Faz refeições na TV	3	13
Televisão	2	11
Liga TV logo chega em casa	3	11
TV com amigos	3	9
Tempo assitencia TV	3	4
Ouve Radio	2	3
Programa que mais gosta	3	1

Fonte: Pesquisa Família, religião, escola e mídia: um estudo sobre práticas de socialização contemporâneas 2005-2007.

Assim, associado a esse relato e, de certa forma, confirmando-o, quando levadas em conta *as práticas de lazer que menos interessam ao segmento estudado,* pode-se observar que entre elas estão aquelas tradicionalmente vistas no polo de uma cultura valorizada nos espaços de cultura letrada e culta, muitas vezes adquirida nas famílias de camadas médias e de elite e, complementada pela escola. Destacam-se entre elas a frequência a espetáculos teatrais, as idas a museus e exposições, shows e concertos, o registro de pensamentos e o uso da biblioteca. Tais práticas além de obterem um dos maiores índices de *não resposta* entre todos os pesquisados foram as que declararam realizar muito raramente (mais de 50%). Todavia, crê-se que aqui seria interessante fazer um comentário. A pouca importância dada a esses entretenimentos ou mesmo a distância que parecem manter com práticas culturais distintivas ou legítimas, segundo a formulação de Bourdieu (1979), não parece ser prerrogativa desses segmentos. Estudos anteriores entre professores e pequenos empresários residentes nos centros urbanos brasileiros já demonstraram que a realidade da cultura erudita não faz parte dos repertórios culturais do brasileiro médio (SETTON, 1994, 2004a) [43]. A respeito dessa discussão é valido recuperar algumas ideias. Em pesquisas feitas nas décadas de 60 e 70 do século passado, Bourdieu e sua equipe detectaram uma forte relação estatística entre práticas, tais como assistência a teatros, frequência a bibliotecas, museus e concertos de música erudita e populações altamente escolarizadas. Nesse sentido, a partir de altas taxas de correspondência entre essas variáveis, o autor pôde inferir que a apropriação das obras de arte erudita dependia de certo domínio que o espectador tinha dos instrumentos, códigos genéricos e específicos da obra, como também dos esquemas de interpretação propriamente artísticos adequados a cada uma delas em particular. Lembra o autor que a posse de tais esquemas seria a condição para o entendimento da obra. Para ele, no domínio da cultura erudita, o tipo de aprendizado, ainda que muitas vezes processado de maneira difusa pela família, deve ser complementado pelo trabalho metódico da escola. Dessa forma, Bourdieu conclui que em meados do século XX, para parte da sociedade francesa, ou em suas palavras os grupos dominantes cultural e materialmente, elegiam preferencialmente esses lazeres (BOURDIEU, 1982, 1983).

No entanto, é preciso não generalizar as contribuições do autor. Como já foi dito, não é possível universalizar tais práticas como sendo as mais distintivas por excelência em todas as formações sociais. É preciso estar atento para o jogo ou a luta simbólica entre os grupos dominantes e os grupos dominados, de cada localidade, observar quais as práticas de cultura características de cada um deles para, em seguida, compreender as que

---

43 Seria importante precisar a diferença entre artes eruditas e legítimas. Artes e práticas eruditas são aquelas que exigem para seu aproveitamento o conhecimento e o aprendizado anterior; artes ou práticas legítimas não necessariamente exigem um conhecimento prévio dos códigos para sua apreciação, no entanto, são vistas como exclusivas e possuem alto valor distintivo entre os grupos sociais dominantes (FABIANI, 2003).

são específicas e capazes de se transmutarem-se em símbolos de *status*. Segundo Bourdieu, a cultura, as *maneiras de saber, fazer, ser e dizer* das diferentes classes sociais, têm menos valor no mercado escolar (valor simbólico e econômico) quanto mais distante estiverem do modo de produção da cultura dos grupos sociais dominantes (BOURDIEU, 1982, p. 308).

Nesse sentido, observar-se-á o que é distintivo em termos de comportamento cultural dos grupos de jovens da escola privada, aqui compreendidos como hipótese, como representantes de um gosto legítimo e privilegiado, a fim de refletir sobre as relações simbólicas de dominação, estabelecidas com o grupo menos favorecido, os da escola pública. Embora se tenha conhecimento de que os níveis de escolaridade da região não são satisfatórios, pois apenas 47% de sua população estudaram mais do que oito anos, sabe-se que os alunos da escola privada têm pais com níveis de instrução distintivos para a região. Assim, para aquela localidade, temporal e socialmente determinada, poderiam ser considerados como culturalmente dominantes.

Hábitos de leitura

Na tentativa de contextualizar a cultura local e a posição que os grupos investigados ocupam no que se refere ao universo de cultura letrada e culta da cidade de Santarém, cumpre registrar que o município tem uma única biblioteca pública. Recentemente, em 2006, suas novas instalações foram patrocinadas pela *Fundação Cargill*. Antes disso, a biblioteca passou muitos anos fechada (1958-1980) e seu acervo foi quase totalmente dizimado (FONSECA,1996).

Nesse sentido, os hábitos de leitura entre os alunos investigados são até surpreendentes. É interessante verificar que, perguntados sobre a frequência da leitura em suas vidas, 25% dos alunos de ambas as escolas disseram fazê-la com bastante regularidade; aproximadamente 40% deles disseram ler regularmente e 30% disseram pouco. Apenas por volta de

5% disseram que nunca leem. Entre as leituras, a predileção concentra-se nas revistas (88% e 64% dos alunos da escola privada e pública, respectivamente) e nos livros (79% e 70% dos alunos das escolas privada e pública, respectivamente). Foi solicitado também o gênero de preferência. Ainda que 74% dos alunos da escola pública e 38% dos alunos da escola privada não tenham respondido a essa questão, 14% destes últimos disseram se dedicar aos clássicos e 16% aos *best-sellers*. Entre os clássicos, destacam-se *Macunaíma*, de Mário de Andrade, *Iracema*, de José de Alencar, *Memórias de um Sargento de Milícias*, de Manoel Antônio de Almeida, *Memórias Póstumas de Brás Cubas,* de Machado de Assis, literatura essa por excelência indicada pelos ambientes escolares. Entre os *best-sellers*, *O Senhor dos Anéis*, de J.R.R. Tolkien, *Harry Potter,* de J.K.Rowling, e *O Código da Vinci,* de Dan Brown, foram também os mais lembrados. Em relação aos alunos da escola pública, a pulverização de títulos é muito ampla dificultando uma análise por gênero [44].

Pode-se observar que a leitura de livros, revistas e revistas em quadrinhos (RQ) é mais comum entre as mulheres. Quanto ao gênero de literatura preferido, nota-se também uma distinção de interesse entre alunos e alunas. Ou seja, *best-sellers*, recomendados pela mídia, poesias, didáticos, auto ajuda e livros religiosos são as opções femininas. Entre os homens a escolha recai entre os policiais, ficção científica e técnicos; já os recomendados pela escola estão presentes entre todos. Sobre a nacionalidade dos autores mais lidos, poucos são os que se lembram. 77% dos alunos da escola pública não responderam a tal questão, mas 22% dos alunos da escola privada disseram preferir autores nacionais e 26% autores estrangeiros. A respeito do tipo de revista mais consumida constata-se

---

44 O município de Santarém, na ocasião da pesquisa, possuía apenas uma livraria que mais se assemelhava a uma papelaria, pois a venda de livros destacava-se por ser uma atividade de pouca monta. Segundo depoimentos dos próprios alunos a compra de livros é feita pela Internet; é comum a compra dos mesmos quando estão em viagem para Manaus ou Belém.

a mesma tendência por gênero. As mulheres optam pelas de assuntos femininos (*Capricho*), variedades (*Veja*) e *voyeurs* (*Caras*); já entre os homens, as revistas masculinas (*Playboy*) e as de vulgarização científica (*Superinteressante*) são as maior destaque.

No que se refere à leitura de jornais, uma expressiva porcentagem de 51% dos alunos da escola privada disseram fazê-lo com regularidade e 40% declararam nunca ler os periódicos. Entre seus colegas da escola pública esse costume parece ser mais raro, pois 32% não responderam à questão, 29% nunca leem e apenas 38% leem regularmente. Nota-se ainda que a leitura de jornais é mais comum entre os homens do que entre as mulheres. Cabe um detalhe a respeito da escola pública. Mesmo que o hábito de ler em geral seja mais comum entre as mulheres enquanto uma tendência nacional e internacional, observa-se que as alunas dessa escola distinguem-se das demais, pois apresentam hábitos de leitura mais modestos em todos os itens.

Talvez como um reflexo da frágil familiaridade com a cultura letrada evidenciada pela quantidade de livrarias, no descaso de sua única biblioteca pública e atestada pelos baixos níveis de escolarização da cidade, verifica-se também que a imprensa escrita em Santarém sempre mostrou-se descontínua. Entre muitas iniciativas, a primeira de que se tem notícia é de 1853, de nome *Amazonense*. Desde então até os dias de hoje tem-se notícia de quinze outras iniciativas. Poucas se mantiveram em circulação por muito tempo. Hoje, a cidade não conta com jornais diários, somente semanais. Destacam-se *O Tapajós*, mais antigo, *O Gazeta*, mais combativo, *O Impacto* e o *Estado do Tapajós* (FONSECA,1996).

Seguindo no campo da cultura letrada, ainda que seja no universo da cultura de massa, *gibis* ou RQ parecem dividir o interesse da população investigada, revelando uma prática não generalizada entre eles, mesmo que quase a metade de todos os alunos mantenha um interesse regular. Entre as RQ mais lidas destacam-se a *Revista da Mônica*.

Cultura de saídas[45]

Por outro lado, práticas de cultura mais afinadas ao modo de vida urbano, como a ida aos cinemas, passeios em shoppings e parques, espaços de circulação social para ver e ser visto e/ou espaço para estimular os contatos entre pares, também são raramente usadas para a construção de suas sociabilidades. Segundo Pinto e Nascimento e Silva (2003), poucas são as oportunidades de entretenimento na cidade e não existem políticas públicas de lazer e cultura destinadas aos jovens da localidade. No estudo denominado *Juventude: expectativas de lazer e cultura para Santarém*, os autores relatam que grupos religiosos e atividades promovidas pelo *Senac* da cidade tentam ocupar os jovens e desviá-los do caminho da delinquência proporcionado pelas gangues. Lembram também que é comum jovens usufruírem de algumas celebrações oferecidas pelas entidades religiosas, entre elas a *Igreja Carismática Católica*. Por exemplo, o evento *Cristoval* realizado nos mesmos dias de Carnaval, em Santarém, composto por encontros com jovens, palestras e muita música *gospel*. Os evangélicos da *Igreja da Paz* também promovem sua reunião anual, *O Congresso da Paz*, no mês de setembro, curiosamente na mesma época da celebração do *Çairé*, festa profana e folclórica bastante conhecida em toda a região.

Sobre as práticas de cultura promovidas pelos grupos religiosos vale recordar que elas se encontram entre as mais comuns entre os jovens pesquisados. Ou seja, 46% dos alunos da escola privada e 42 % da escola pública participam dos cultos religiosos nos finais de semana e 11% e 15%, respectivamente, o fazem durante a semana. Cumpre registrar também que os alunos da escola privada, ainda que estudem em uma escola confessional, estão mais distantes de tais atividades, pois 40% deles disseram que raramente vão a cultos religiosos enquanto

---

45   Tipo de lazer que exige dispêndio em dinheiro e deslocamento. A esse respeito, consultar Donnat e Cogneau, (1990).

que somente 22% de seus colegas da escola pública assim o declararam. A participação nesse tipo de atividade é mais comum entre as mulheres de ambas as escolas.

Os autores Pinto e Nascimento e Silva incluem os grupos de teatro como animadores culturais da cidade que arregimentam jovens de vários segmentos sociais. Festivais folclóricos promovidos por algumas escolas, shows patrocinados por rádios também fazem parte da agenda cultural santarena. Abordando atividades grupais de caráter artístico seria interessante comentar que, perguntados sobre a participação em grupos musicais, observou-se que, embora demonstrem algum interesse, esse é pouco expressivo. Apenas 18% dos alunos pesquisados costumam assisti-los e somente nos fins de semana. Vale salientar que a disposição de participar desses grupos de sociabilidade é mais constante entre os alunos da escola privada e entre os homens de ambas as escolas.

Em pesquisa feita em jornais entre os anos 2005/2007, apurou-se que os segmentos sociais mais favorecidos promovem uma série de festas como *Bailes de Debutantes, Concurso Garota O Impacto* (nome de um dos jornais da cidade), *Baile dos Namorados*, todos realizados no *Hotel Tropical Santarém* e noticiados pela coluna social dos jornais. Nesse sentido, é possível inferir que poucas atrações vêm de outras regiões ou estados mesmo para os segmentos mais abastados. Alguns shows são promovidos na cidade, porém na maioria das vezes são de bandas locais; bares com programação de grupos de MPB e pagode também são igualmente frequentados pelos jovens da escola privada.

A finalização da obra do *Projeto Orla* também incentivou a permanência não só de jovens, mas de famílias inteiras às margens do rio Tapajós como uma forma de lazer, de ver e ser visto, de certo modo substituindo a versão moderna das idas aos shoppings, parques e praias. No início do ano de 2007, a cidade contava com três boates. A música era a eletrônica e todas elas funcionavam nos finais de semana. Existia um sistema de rodízio para garantir que sempre duas delas estivessem abertas [46]. A ida a esses bares quase generalizada entre os jovens pesquisados, pois 59% dos alunos da escola privada disseram fazê-lo, mesmo assim só no fim de semana. Entre seus colegas da escola pública 34% raramente e, como os outros (25%), optam pelo final de semana. Observou-se também que o hábito das saídas noturnas é mais comum entre os homens de ambas as escolas.

Em Alter do Chão, foi possível verificar que os jovens preferem reunir-se à noite, depois da escola ou do trabalho, nas praças, onde se encontram para conversar, namorar e/ou jogar bola. Têm-se notícias de uma prática, pouco comentada, porém ainda vigente de passar a noite na *Ilha do Amor*, a qual se localiza em frente à praça central da vila de Alter. Embora seja comum há anos, muitos pais não aprovam tal prática, pois desconfiam das liberdades entre os jovens quando sozinhos e sem a vigilância dos mais velhos. A frequência, em ambas, é mais comum entre os jovens do sexo masculino.

Namorar, viajar pela Internet, falar ao telefone são, todavia, atividades que a grande maioria costuma fazer. Sobretudo os alunos da escola privada. Tanto no fim como durante a semana, numa espécie de atividade de rotina, os jovens dedicam grande parte de seu tempo a elas. Contudo, no que se refere ao uso da Internet as diferenças são bem expressivas. Entre os estudantes da escola pública a Internet, é uma atividade rara. 45% raramente a utilizam, 37% não responderam a essa questão e somente 19% fazem uso da mesma nos fins e durante a semana. No entanto, entre os alunos da escola privada, 51% a acessam durante a semana, 26% nos fins de semana e, apenas 20% raramente. Entre eles, isso é realizado, sobretudo, no espaço doméstico (46%) e na escola (30%). Apenas 2% o fazem

---

46 Em 2007, a consumação era de R$ 10,00 a R$ 15,00 (reais), exceto as bebidas. É exigido o uso de calças compridas e sapatos fechados para os homens. Contudo, nos bailes bregas (nome da música local) da cidade a entrada é mais econômica, R$ 5,00 (reais), e não se cobra um estilo de vestimenta.

no trabalho e 13% em *cybers*. Para os poucos alunos da escola pública com acesso à Internet, o contato com ela ocorre em sua escola de informática ou nos ambientes de trabalho. As diferenças ainda continuam nesse aspecto. 32% dos alunos da escola privada utilizam a Internet para *bate-papos* (*Orkut*, *MSM*, *blogs* etc.), 33%, para obter informações e novidades e um número reduzido de 8% para pesquisas escolares. Para seus colegas da escola pública o uso será bem mais limitado. 52% não responderam a essa questão, 18% procuram informações e novidades e 10% utilizam esse veículo para pesquisa escolar [47].

Para os alunos da escola privada o uso do telefone está praticamente restrito à comunicação com amigos, contudo entre os da escola pública o uso do telefone está mais voltado para o trabalho. Seria interessante colocar que, a despeito das diferenças materiais encontradas entre os grupos pesquisados, a posse de celulares parece estar generalizada em ambos os segmentos. 61% dos alunos da escola pública possuem de um a quatro aparelhos enquanto que 96% de seus colegas da escola privada têm o mesmo comportamento[48]. Vale citar ainda que, entre essas atividades, existe uma variação entre os sexos. No caso masculino a escolha recai para a Internet e em relação às mulheres a opção é pelo telefone confirmando pesquisas internacionais (PASQUIER, 2005). Esse aparelho é usado, sobretudo, para conversar com amigos e familiares e para os meninos

---

47   Segundo recente pesquisa realizada pelo IBGE, o uso da Internet é mais comum entre os jovens. Segundo eles a educação é o principal fator de interesse do internauta brasileiro, pois 71,7% dos usuários disseram acessar a rede em busca de educação e aprendizado. O segundo assunto de escolha é a comunicação entre as pessoas, 68,6%. O lazer é o terceiro motivo, expresso por 54,3%. A leitura de jornais aparece em quarto lugar, com 46,9% de escolhas. Tais informações ajudam a compreender o universo investigado como bastante diferente da média nacional. Educação é o principal interesse da Internet, *Folha de São Paulo*, 24 de março de 2007.
48   A mesma pesquisa divulgou que a partir de dados da Pnad 2005, 36,3% dos brasileiros possuem telefones celulares; a posse de telefones móveis tem seu percentual máximo no grupo de 25 a 29 anos. Segundo a mesma, o menor percentual de posse de celulares encontra-se entre os trabalhadores do setor agrícola, o que faz com que a realidade investigada tenha destaque. Educação é o principal interesse da Internet, *Folha de São Paulo*, 24 de março de 2007.

o *tel* é mais utilizado para namorar e trabalhar. Em relação à Internet, as meninas fazem uso dela quase exclusivamente para a sociabilidade de grupo, ou seja, para manterem contato com colegas no e-mail, *MSN*, *Orkut* entre os meninos observa-se uma procura maior para baixar músicas, *downloads* de filmes e informações em geral; a Internet é usada igualmente, contudo em menor número, para trabalhos escolares em ambos os sexos. Por fim, namorar para eles é uma atividade que está mais presente nos dias de semana ainda que os fins de semana também sejam dedicados aos encontros afetivos.

As atividades esportivas estão entre as preferidas por todos independente da condição social. Apenas 15% dos alunos da escola privada e 25% dos alunos da escola pública disseram praticá-la raramente. Em ambos os casos é durante a semana que preferem fazer esporte. Todavia vale apontar uma diferença entre eles. Entre os alunos da escola privada existe uma ligeira tendência para atividades físicas solitárias, como musculação e artes marciais. Já entre os estudantes da escola pública é expressivo o gosto pelo esporte coletivo, entre os quais futebol. Outra diferença interessante é que a prática do esporte é uma preferência masculina.

Ainda sobre o tema dos lazeres urbanos é significativo comentar que a cidade de Santarém já não contava com nenhuma sala de projeção de cinema. O único que restava até fevereiro de 2007, denominado *Cinerama*, passou a ser sede da *Igreja Internacional da Graça de Deus*. As sessões de cinema são às vezes objeto de atenção do *Senac* da cidade. Todavia ressalta-se que o número de vídeo locadoras é expressivo.

A esse respeito, é forçoso salientar que o fechamento do único cinema da cidade não afasta de todo a produção ficcional da população local. Como já foi dito, é significativo o número de locadoras. Entre os jovens pesquisados o costume de assistir a filmes em vídeo é generalizado. Entre os alunos da escola privada, a maior parte faz uso desse entretenimento em sua rotina, 57,5%, e nos fins de semana (32,7%). Em relação ao gênero de filme preferido, é possível detectar uma diferença de gosto no segmento estudado. 29% dos alunos da escola privada declararam que o último filme assistido era de terror, 12% não se recordavam do nome da película e 9% optaram por um filme de aventura. Para seus colegas da escola pública, 47% do último filme assistido foi classificado como de aventura e 12% de ação. Vale salientar que, entre os últimos, 82,5% têm o hábito de assistir vídeos/DVD durante a semana e 61,3% nos fins de semana. Observa-se também, enquanto tendência, que as mulheres da escola privada são as que costumam ir mais às seções de cinema, se comparadas a seus colegas. Porém, na escola pública, os homens são os maiores frequentadores das salas de exibição. Foi apurada também uma diferença entre os alunos sobre a preferência do gênero de filme mais apreciado. Entre os homens os filmes de terror, ação, aventura e eróticos são os eleitos; entre as mulheres os preferidos são os dramas, as comédias românticas e as ficções. Animação, comédias e suspense são apreciados igualmente por todos.

Simplesmente descansar, dedicarem-se a pensamentos ou tocar um instrumento musical, atividades solitárias ou praticadas de forma individualizada parecem não fazer parte do repertório cultural dos jovens pesquisados. 70% dos alunos da escola privada e, 50% dos da escola pública dedicam-se à meditação muito raramente. Contudo, uma parcela expressiva de alunos dessas escolas, 24% e 18% respectivamente, recorrem a ela durante a semana e nos fins de semana. Tais atividades, entretanto, encerram uma diferença por sexo. As mulheres são as mais inclinadas a escrever pensamentos e os homens são os que mais constantemente tocam um instrumento musical.

Em relação a essa última prática de cultura, grande parte dos alunos da escola privada, 71%, raramente tocam, 17% o fazem durante a semana e apenas 6% nos fins de semana. Já entre os jovens da escola pública, 41% raramente dedicam seu tempo a essa atividade e 36% não responderam à questão. Descansar, entre eles, é algo que pode ser realizado tanto nos fins de semana como durante a semana.

Ainda que a fruição cultural solitária não seja a preferida pela maioria, o rádio desponta entre eles com uma expressiva força. Todavia, essa prática está mais presente na vida dos alunos da escola pública. 75% deles ouvem rádio durante a semana e apenas 10% o escutam uma vez ou outra. Entre seus colegas da escola privada, 56% têm o costume de sintonizá-lo durante a semana e 23% o fazem raramente. Ouvi-lo praticando outra atividade é comum em ambos os grupos, embora esteja mais presente entre os alunos da escola pública. O rádio é o eletrodoméstico mais utilizado entre eles, seguido da televisão e do aparelho de som. Nota-se também que o rádio é um grande companheiro das mulheres, pois são elas suas maiores ouvintes como também são as mesmas que costumam realizar outras atividades em sua companhia.

Continuando com a mídia fonográfica, comprar CDs faz parte da vida de quase todos, mas não de maneira generalizada; 52% dos alunos da escola privada e 42% dos alunos da escola pública compram muito ou regularmente CDs. A escolha musical parece ser muito diversificada. Os títulos mais citados entre os alunos da escola privada são *Aviões do Forró, Bruno e Marrone e Fun House* (nome de uma das casas noturnas da cidade). No entanto, entre eles a preferência na compra de CDs concentra-se no *rock* contemporâneo e em trilhas sonoras de novelas ou gêneros musicais locais. Para os alunos da escola pública o CD mais comprado pode ser classificado no gênero brega tendo o título mais citado sido *Calypso*, nome de banda local, de sucesso nacional, nas trilhas de musica *gospel* e religiosa, além dos dois primeiros títulos já citados por seus colegas da escola privada. Valeria um comentário a respeito da escolha do CD favorito. A despeito das diferenças socioculturais entre os jovens, o gosto pela música parece muito semelhante entre eles numa espécie de homogeneização de gostos, como verificado por Pasquier (2005). É como se o fato de pertencer a certa faixa etária exigisse certo tipo de comportamento e padrão de gosto unificado.

Perguntados especificamente sobre o gênero de música favorito, os jovens tampouco se mostraram muito fiéis a um ou dois gêneros. 20% dos alunos da escola privada dizem preferir rock e 20% música eletrônica. Música Pop e MPB também são lembradas por 13% e 10%, respectivamente. Seus colegas da escola pública apresentam um gosto muito difuso. 12% escolheram pagode, MPB, Sertaneja e Eletrônica, respectivamente e 17%, rock. Vale notar que a compra de CD é generalizada entre homens e mulheres, com exceção das alunas da escola pública as quais têm um consumo menor em quase todos os itens. Em relação ao gênero musical de preferência, verifica-se que os homens parecem apreciar os ritmos rock, rap e eletrônico enquanto as mulheres elegem os ritmos associados à MPB, ao pagode, à musica sertaneja e pop. Por outro lado, samba, forró e brega são do gosto de todos. Entre os cantores nacionais os alunos da escola privada lembraram, sobretudo, os intérpretes do *rock* (20%) e, da MPB (12%) e entre os cantores estrangeiros apontados como preferidos, aparecem os interpretes de trilhas sonoras das novelas[49].

Foi apurado que o dia a dia de muitos deles é preenchido por uma série de atividades formativas próximas às exigências de um estilo de vida de uma sociedade moderna. Entre os jovens da escola privada destacam-se os cuidados com o corpo (59% praticam atividades físicas, entre elas musculação, *jiu-jítsu*, basquete). Embora menos expressivos observou-se também que os cursos de língua estrangeira são mais comuns entre as mulheres e os cursos de computação e atividades esportivas mais comuns entre os homens.

A realidade dos alunos da escola pública, por sua vez, está bem distante dessa. Frequentadores do curso noturno esses jovens passam a maior parte de seus dias no trabalho ou á

---

49 Entre os cantores de rock o mais citado é Renato Russo; entre os da MPB, entre os clássicos, Chico Buarque, Gilberto Gil e Caetano e a cantora Pop Ana Carolina. Foram bastante lembrados também Eminen e Avril Lavigne. Para os alunos da escola pública destacam-se Roberto Carlos, Leonardo, Ivete Sangalo e Madona.

procura dele. Pode-se induzir, portanto, que as experiências, as trajetórias, as expectativas na esfera das práticas de cultura mostram-se bastante distintas. Vale comentar, entretanto, que uma porcentagem não desprezível de 15% faz cursos de computação e 11% de inglês, numa espécie de tentativa de suprir uma desvantagem de origem[50]. Em relação aos esportes, um número expressivo de 47% dedica-se a essa prática, dando a grande maioria preferência ao futebol[51].

A assistência a TV

Por fim, seria interessante relatar a experiência desses jovens com a TV. Lembrar-se-ia que a TV, depois do rádio, é o eletrodoméstico mais presente entre os alunos investigados. Mesmo nos lares menos favorecidos é possível encontrar mais de um aparelho. Seria esperado, então, que a assistência a ela fosse uma prática generalizada. No entanto, constatou-se que quase a metade dos alunos de ambas as escolas, tem costume de assisti-la *de 30 min.* a duas horas e 19% dos alunos da escola privada e 22% da escola pública dedicam-lhe *menos de 30 minutos* por dia. Por outro lado, 19% dos alunos da escola privada e 18% da escola pública têm o hábito de ver televisão *de duas a três horas diárias*; 17% da primeira escola e 19% da segunda, param diante da telinha *mais que três horas* diariamente. A *TV* está presente tanto entre os homens quanto entre as mulheres, com uma leve tendência a estar mais presente entre os alunos da escola privada e mais frequente entre as alunas da escola pública.

A fidelidade em relação a tal prática também é uma evidência nesses grupos. Ou seja, 49% dos alunos da escola

---

50 Com a visitação constante de turistas europeus e norte-americanos, o conhecimento de um idioma é uma ferramenta altamente distintiva em Alter do Chão.
51 Confirmando tendências nacionais, (*Folha de São Paulo, 2008*. Pesquisa O jovem brasileiro do século XXI) o esporte é uma atividade rotineira entre os jovens do sexo masculino nas duas escolas pesquisadas.

privada costumam ligá-la logo que chegam em casa e 65%, mesmo desconhecendo a programação. Nesse particular, eles se diferem dos estudantes da escola pública. Ainda que estes também demonstrem um comportamento de familiaridade com a TV, um número inferior da escola pública, 38%, liga a TV logo ao entrar em casa e 34% deles o fazem mesmo sem saber a programação. No entanto, essa não é uma prática entre todos. Um número expressivo, cerca de um quarto dos alunos de ambas as escolas, só raramente liga a TV nessas situações.

Em relação ainda à fidelidade, observa-se que 47% dos alunos da escola pública preferem a programação da Rede Globo e 30% não especificaram a emissora. Seus colegas da escola privada são mais inconstantes; 33% escolheram preferencialmente a Rede Globo, 28% não especificaram e 16% gostam também da MTV, expressando a diversidade de canais aos quais têm acesso. Perguntados sobre a programação mais assistida, 25% dos alunos de ambas as escolas elegem as novelas, 25% dos alunos da escola pública preferem filmes e 17%, esporte. Entre os jovens da escola privada, 19% preferem filmes e 11% escolhem musicais. Verificou-se que as mulheres privilegiam novelas e seriados (o último apenas na escola privada) e os homens, os programas esportivos, humorísticos, musicais, filmes e documentários. Os informativos, os programas de auditório, *Reality Shows* e os telejornais são assistidos por todos.

Embora tenham tais preferências, o habito de *zapear* é comum em 75% dos alunos da escola privada e apenas em 34% dos alunos da pública. É possível considerar também que os últimos são mais fiéis, pois 44% deles raramente *zapeiam*. Seriam mais conservadores em suas escolhas se comparados a seus colegas ou a maneira como fazem uso desse aparelho é diferenciado? Tentando responder a essa pergunta verificou-se que a assistência à TV, entre 74% dos alunos da escola privada, acontece em seus quartos, deitados na cama. Tal prática parece ser solitária, pois 69% deles raramente ou nunca assistem a TV com amigos. 55% deles disseram assisti-la sozinhos e 60% decidem por eles mesmos a programação a ser vista. Na busca da compreensão do tipo de programação de preferência desses jovens, observou-se também que 48% das escolhas recaem na programação livre e 19% na programação adolescente. A forma de se relacionar com a TV entre os alunos da escola pública é um pouco distinta. Ou seja, 31% veem TV no quarto, 31% raramente o fazem e 25% nunca a assistem nesse ambiente. 48% deles assistem à TV sozinhos, 35%, com pessoas de idade semelhante (irmãos) ou mais velhos (pais). Uma parcela expressiva costuma ver TV com amigos, 39%, mas 37% raramente o fazem. Quase a metade desses alunos, 46%, disseram ser eles mesmos que decidem a programação a ser vista e 16% disseram ser pessoas mais velhas. Mais da metade, 54% deles, escolhe o tipo de programação livre. Pode-se concluir, portanto, que a prática de assistência à TV é mais coletiva entre os alunos da escola pública, provavelmente pela menor disponibilidade de aparelhos em casa, pelo local em que ela se encontra nas residências bem como pela disponibilidade de tempo em que eles e a família dedicam-se a essa forma de lazer. Observa-se também que a assistência à TV entre as mulheres em ambas as escolas é feita, sobretudo, na companhia de familiares, diferente de seus colegas do sexo masculino cuja tendência é acompanhar a programação sozinhos.

Com a expectativa de compreender melhor a presença da TV em suas vidas cotidiana, apurou-se ainda que um número expressivo em ambas as escolas, 47% dos alunos da escola privada e 38% da pública, assistem à TV durante as refeições. Um terço deles raramente faz as duas atividades em conjunto e 20% e 15% dos alunos das escolas privada e pública, respectivamente, nunca assistem à TV durante as refeições. Nesse sentido, constata-se que a TV é uma mídia que faz parte da vida de todos, ainda que a atenção dada a ela seja difusa e diferenciada.

Conclusões Parciais

Este texto objetivou fazer uma descrição e uma análise do gosto cultural de jovens residentes na região norte do Brasil. Teve como propósito investigar os significados do consumo e das práticas de cultura de um segmento jovem a fim de identificar as categorias e princípios identitários que expressam (locais ou globais), os ideais que cultivam (eruditos ou populares) bem como entender os estilos de vida (tradicional ou moderno) que sustentam novas ou mantêm permanências culturais.

Em linhas gerais, foi possível verificar que o exame do consumo e das práticas de lazer aqui relatadas ofereceu pistas sobre o espírito de um tempo no qual os determinismos classistas não dão mais conta de expressar a totalidade das diferenças ou semelhanças entre os jovens. Outras variáveis de marcação ou distinção social são importantes para o entendimento da realidade cultural desse grupo. Baseando-se no pressuposto de que as práticas de cultura podem traduzir-se em um sistema de significação considerou-se também que elas são capazes de criar vínculos identitários entre esses indivíduos. Ou seja, serviu como um código que os ajudou a tecer redes de relações com seus pares bem como serviu como uma forma de exercitar um sistema de classificação do mundo que os cerca.

Contudo, visto sob outra perspectiva, o consumo cultural dos jovens investigados não difere substancialmente daquele observado em outros segmentos sociais brasileiros (SETTON, 1994, 2004a). Ainda que algumas práticas, como a compra de CDs e a participação em atividades religiosas, pareçam ser mais específicas desse segmento, ele também se aproxima de parcelas extensas da população no que se refere ao gosto pelas emissões de rádio e televisão. *Grosso modo*, dedicam parte de seu tempo livre às atividades que exigem poucos gastos, as quais ocorrem em seu ambiente doméstico, independente da condição financeira que possam ter. Assim, a participação da cultura de massa em suas disposições de cultura está fortemente presente. Por outro lado, passear, fazer esporte na orla da praia, caminhar ou jogar bola na praça são atividades feitas fora de casa que expressam a importância notável de uma sociabilidade em grupo para quase todos da localidade. Assistência à TV, só ou com a família, faz parte do cotidiano de muitos deles. Escutar rádio em meio a outras atividades assim como falar pelo celular, praticar esporte bem como assistir a filmes em vídeos integram a rotina da maioria deles, assinalando um estilo de vida ajustado às condições modernas e urbanas. Não obstante, o hábito da leitura, seja de revistas, livros ou *gibis*, mesmo que em menor número, é constante demonstrando a articulação simultânea de valores prescritos pela escola e pelas mídias.

Por outro lado, as atividades solitárias e/ou afeitas aos ideais de uma cultura culta e letrada não são as mais procuradas. Tocar um instrumento musical, meditar, escrever poemas, não aparecem na esfera de seus desejos e realizações. Ir ao cinema, teatro ou em geral uma *cultura de saídas*, shows, concertos ou bares ainda que alguns tenham costume de fazê-lo, são atividades de caráter extraordinário, pois ocorrem mais nos fins de semana. Além disso, parecem ser lazeres cultivados *para* e *entre* poucos, apontando uma diferença substantiva em tempo, dinheiro e condição de vida até entre os mais favorecidos. A cidade de Santarém não oferece tais oportunidades, assim como a maioria desses jovens, sobretudo as jovens do sexo feminino, não foram ensinadas a frequentá-las. Nesse sentido, ainda que a mundialização da cultura esteja presente em seu cotidiano o ritmo e o estilo de vida moderno e urbano não se encontram generalizado.

Desse modo, tais jovens, do ponto de vista do consumo cultural, seriam praticamente iguais? A resposta à questão não se apresenta tão simples. Uma análise detalhada dos dados aponta para uma realidade cultural complexa, na qual diferentes instâncias difusoras e legitimadoras de práticas estabelecem intensas e tensas articulações. Embora a bibliografia recente aponte certa homogeneidade na cultura dos grupos juvenis (PASQUIER, 2005), evidenciando uma forte semelhança de comportamento entre eles, independente das diferenças de classe, crê-se ser necessário um pouco mais de reflexão.

Apesar de uma evidente mescla de valores mundializados, como a preferência pelo rock e ou música eletrônica e o gosto pelos ritmos musicais nacionais, diferenças estão presentes entre eles. Isto é, foram verificadas significativas variações de acesso material aos bens da cultura entre alunos da escola pública e os da escola privada; assim, tudo leva a crer que *as formas de se aproximar e se relacionar* com cada uma delas sejam também bastante distintas entre os grupos. Considerando mais detalhadamente, na parte inicial desta reflexão observou-se que o número de *não resposta,* em grande parte das questões relativas ao lazer, era um indicativo da pequena familiaridade que os alunos da escola pública tinham com o universo da cultura do entretenimento. Um fosso de interesses, possibilidades e disposições marcam o lugar que cada um dos grupos ocupa no espaço social do município pesquisado. Além disso, o fato de 90% dos alunos da escola privada não trabalharem e a maior parte dos alunos da escola pública necessitar garantir a sobrevivência diária na procura de um trabalho ou na realização desse, já por si só determina *um acesso e um uso* dos lazeres de maneira diferenciada, demonstrando expressiva heterogeneidade estrutural na composição das disposições de *habitus* entre eles. Vale recordar ainda a pequena participação das alunas da escola pública em quase todas as atividades investigadas, demonstrando uma diferença de acesso das mesmas à cultura de entretenimento se comparadas a seus colegas.

Dito com outras palavras, apurou-se que as representações ou percepções sobre o universo dos lazeres estão relacionadas à posição que ocupam no espaço social (trajetória de vida), correspondem a uma certa localização na estrutura de poder (material e simbólica) como também referem-se ao nível e/ou tipo de socialização por sexo de cada um dos respondentes. Não obstante tais diferenças, que não são pequenas, valeria enfatizar que o que mais distingue ambos os grupos, do ponto de vista da sociologia das práticas de cultura, refere-se *às escolhas distintivas* de cada um dos itens pesquisados. Ou seja, usando o critério de legitimidade de gosto entre os bens consumidos, será possível verificar que a distância entre eles é sugestiva. Observa-se que a familiaridade dos alunos da escola privada com um gosto mobilizado por uma cultura escolar e consagrada pelas mídias especializadas é superior. Por exemplo, em relação às escolhas relativas à literatura, eles se sobressaíram por retomar os clássicos, como Machado de Assis e Mário de Andrade, entre outros. O mesmo comportamento é mantido na predileção pelos compositores nacionais, em que os consagrados Chico Buarque, Gilberto Gil e Caetano Veloso sempre foram lembrados. No tocante aos gêneros rock e eletrônico, os quais são mundialmente legitimados, pois estão associados a um estilo moderno de viver (ORTIZ, 1994), os jovens da escola privada foram também os que mais os escolheram, se comparados aos gêneros locais como brega e forró, preferidos pelos estudantes da escola pública.

Desse modo, se foi possível observar que a cultura de massa está presente entre todos eles de forma bastante intensa e generalizada, corroborando um universo intercultural ou híbrido (GARCIA-CANCLINI, 2007, 2011), verifica-se que a assistência é diferenciada bem como se observa que os gêneros de preferência de cada um desses itens passam por ligeiras, porém significativas diferenças referentes às hierarquias dos gostos ditos como legítimos ou não. Canais fechados, seriados e ecletismo nas emissoras para os alunos da escola privada e menos opções de programação para seus colegas da escola pública. Os primeiros também são os que têm o costume de desenvolver uma cultura de saídas evidenciando maior acesso aos bens da cultura da mesma forma que eles estão mais familiarizados com as mídias mais modernas, como a Internet e as possibilidades de uso que ela encerra.

Nesse sentido, foi possível distinguir entre os jovens pesquisados, *diferenças na composição e no volume de suas práticas*; *diferenças também nas maneiras de articular as matrizes de cultura* na construção de disposições de seus *habitus*. Por ocuparem posições economicamente privilegiadas na estrutura social local, parte deles usufrui do acesso a uma cultura letrada e internacionalizada. Dito de outra maneira, são os jovens da escola privada que optam por lazeres considerados mais legítimos sob a ótica das instituições escolares. Os mesmos também têm um gosto mais afinado com uma cultura de consumo mundializada, seja ela musical, televisiva ou letrada. Articulando influências locais, escolares e midiáticas, os jovens da escola privada apresentam em maior número disposições híbridas de *habitus* (SETTON, 2002) ou segundo Lahire (2006), são os que apresentam ser mais dissonantes ou ecléticos (PETERSON, 1992, 1996) do ponto de vista cultural.

Por outro lado, seus colegas da escola pública, mesmo que se observem em suas práticas de lazer e cultura clivagens materiais e simbólicas, ou seja, ainda que apresentem também disposições híbridas de *habitus*, tendem a manifestar um consumo bem mais modesto em termos de variedade e custo, bem como estão mais atrelados a uma cultura local. Vale considerar que foi possível constatar uma forte distinção nas disposições de cultura entre os jovens do sexo masculino e feminino. Em muitas opções de práticas foi possível identificar variações de gosto entre os sexos, destacando-se, sobretudo, a condição dominada das jovens da escola pública, as quais se diferenciam inclusive de suas colegas da escola privada.

Isso posto, reitera-se que se a intenção foi analisar a centralidade da escola e das mídias pela dimensão das práticas de cultura e de lazeres visando compreender a composição das disposições de *habitus* dos jovens, conseguiu-se observar que existe uma articulação constante e simultânea entre elas. Não obstante, percebe-se entre os alunos da escola privada uma *distintiva* tendência para um maior acesso e maior ecletismo em quase todas as atividades de cultura investigadas; uma maior tendência por opções de lazeres urbanos, legitimados pela escola e pela cultura de massa, bem como um gosto afinado ao que se poderia denominar moderno ou internacionalizado, se comparado a seus colegas da escola pública.

Assim, a presença de elementos unificadores de gosto entre os jovens convive com a presença de elementos distintivos entre eles. Do ponto de vista dos processos socializadores é importante reiterar que, se a cultura de um mercado internacional popular foi capaz de integrar esses jovens em um espectro de cultura mundializada, não conseguiu promover a igualdade entre eles. Outras formas de hierarquias de gosto seguem figurando como um alerta para a desigualdade social e a fragilidade histórica dos processos de escolarização no Brasil.

CAPÍTULO CINCO

A ESCOLHA E O *RECONHECIMENTO* PELA EDUCAÇÃO:
o caso de Antônio

Esta reflexão[52] tem como intenção circunscrever aspectos teóricos e empíricos de análises, cujo fundamento é a construção de *híbridas disposições de habitus*. Num exercício de síntese, a partir de um caso biográfico de Antônio, busca-se uma interpretação que auxilie a compreensão relacional do fenômeno da *socialização* e da *individuação*, oferecendo um instrumental para explanações acerca das relações dialéticas entre indivíduo e sociedade.

É intenção, ainda, explicitar algumas considerações acerca dos processos de socialização atuais, a fim de dialogar com a teoria do *habitus* de Pierre Bourdieu. O intuito é apontar a possibilidade de um sistema de disposições de cultura *sui generis*, sistema este de disposições híbrido, construído e adaptado segundo o princípio da fusão, da articulação, pois condições específicas de socialização assim o permitiram.

Identificando uma nova estruturação nos processos de construção dos indivíduos, procura-se uma perspectiva relacional de análise entre instâncias socializadoras, a fim de

---

52 A discussão baseia-se em uma pesquisa mais ampla realizada no âmbito da Faculdade de Educação da USP, de um pós-doc na UNICAMP e um Estágio na Universidade Paris-Descartes, entre 2011 a 2013, com auxílio da FAPESP. Trata-se de uma reflexão teórica, ilustrada por um estudo de caso. Depois de desenvolver uma investigação a partir da perspectiva grupal e ter observado a presença de híbridas disposições de habitus entre os jovens da Amazônia (SETTON, 2012), procurou-se colocar à prova a articulação heterogênea de disposições de cultura em um caso individual. A pesquisa foi realizada em 2012/2013, a partir de entrevistas em profundidade, além de observações e visitas locais durante o período de 2007 a 2013. Uma versão aproximada deste texto encontra-se na Revista Educação e Pesquisa- FE-USP, no Dossiê *Educação: entre reconhecimento, mérito e excelência*, 2015.

apreender a especificidade do processo de constituição das disposições de cultura em contexto específicos. Partindo do conceito de *hibridismo*, do antropólogo Nestor Garcia-Canclini (1997), defende-se a hipótese de que a cultura da modernidade imprime uma nova prática socializadora, prática esta distinta das demais verificadas historicamente.

Concordando com Garcia-Canclini, "*entendo por hibridación procesos socioculturales en los que estructuras o prácticas discretas, que exístian en forma separada, se combinan para generar nuevas estructuras, objetos y prácticas*" (GARCIA-CANCLINI, 2000, p. 02). Sem planejamento, como resultado imprevisto de movimentos migratórios, turísticos ou de intercâmbio econômico ou comunicacional, a hibridação de culturas constitui-se em um processo dinâmico, fragmentado, no entanto, também criativo, individual e coletivo, porém, simultaneamente, contraditório e tenso, pois resulta do enfrentamento de valores culturais dispostos em uma hierarquia de poder e privilégios. O conceito de hibridação, também possibilita entender, entre outros aspectos, como indivíduos se desprendem da força do grupo doméstico, como planejam suas vidas num futuro próximo e como interagem no campo complexo das hierarquias do consumo cultural legítimo e ilegítimo. Considera-se que a modernidade constitui-se em um ambiente no qual indivíduos encontram condições de forjarem um conjunto híbrido de referências disposicionais, mesclando influências em um *sistema* de esquemas coerente, ainda que heterogêneo (SETTON, 2012).

Por fim, esta reflexão tem a intenção ainda de dialogar com parte das recentes sociologias do indivíduo, mais propriamente a teoria disposicionalista de Bernard Lahire (2004a) e a sociologia das individuação de Danilo Martuccelli (2007). Num exercício de melhor circunscrever a sociedade, numa espécie de sociologia histórica, Danilo Martuccelli (2007, 2010, 2013) alerta para as transformações estruturais e institucionais vividas na contemporaneidade; para ele, se as análises sociológicas se deparam com a não correspondência entre trajetória social, processos coletivos e experiência individual, deve-se partir para outra inflexão analítica, ocupando-se dos processos estruturais de construção dos indivíduos. Para o autor, os indivíduos não cessam de singularizar-se para além de suas características posicionais.

A presente sistematização propõe, pois, a possibilidade de articular pontos de vista epistemológicos, um olhar relacional entre inflexões analíticas de ordem grupal e individual, na tentativa de sugerir uma leitura mais ampla dos processos formativos atuais. Estudos recentes (SETTON, 2014; REIS, 2014; DAYRELL, 2014; ARNOLDI, 2014; GOMES, 2010) servem de apoio à esta discussão na medida em que evidenciam em experiências biográficas ou grupais a necessidade de se articular diversos valores societários em busca do reconhecimento e segurança social.

A perspectiva estrutural, sistêmica, contudo dialética, de Pierre Bourdieu

Concebendo a sociedade ocidental como uma sociedade hierarquizada, organizada segundo uma divisão de poderes extremamente desigual, a perspectiva bourdieusiana compreende o social de maneira relacional e sistêmica. Para apreender as interações objetivas e verticais entre os indivíduos, seria preciso observar, diacrônica e sincronicamente, as posições que os grupos sociais ocupam segundo uma distribuição de recursos acumulados em suas diferentes trajetórias de socialização.

A família e a escola seriam espaços produtores destes recursos, valores morais e identitários, por excelência extensões formadoras da consciência, matrizes socializadoras responsáveis por um conjunto de experiências, disposições e práticas de cultura. Ambas seriam capazes de tecer, em tensas e intensas relações, disposições de *habitus*, um *modus operandi* de pensamento, além de um sistema de disposições que orientaria as escolhas de uma variedade infinita de práticas de cultura. Neste sentido, a noção de *habitus* ocupa uma posição estratégica na teoria sociológica de Bourdieu (1979) na medida em que possibilita articular a)influências externas de socialização (origem social), b)influências conjunturais na composição e formação cultural dos indivíduos e c) a construção de suas subjetividades. O *habitus* emerge como um conceito capaz de conciliar a oposição entre a realidade exterior e as realidades individuais; é instrumento conceitual que expressa o diálogo, a troca constante e recíproca, entre o mundo objetivo e o mundo subjetivo das individualidades. Ao fugir dos determinismos das práticas, Bourdieu pressupõe uma relação *dialética,* portanto não linear, entre sujeito e sociedade, uma relação de mão dupla entre *habitus* individual e a estrutura de um campo, socialmente determinado. Sob essa ótica, as ações, *escolhas* ou aspirações individuais, a escolha do projeto escolar, por exemplo, não derivam apenas de cálculos ou planejamentos: são, antes de tudo e também, produtos da relação entre as disposições de *habitus* e as pressões e estímulos de uma configuração histórica e familiar dada e subjetivamente apropriada pelos agentes [53].

Todavia, em condição de modernidade é imperativo pensar o *habitus* individual ou de grupos formulados com base em referências diferenciadas entre si. No que se refere ao universo das práticas culturais atuais, constantemente regido por diferentes temporalidades e por distintas orientações, as disposições de *habitus* devem ser pensadas num processo simultâneo e sucessivo de uma pluralidade de estímulos e referências não homogêneas, não necessariamente coerentes. A opção por este ou aquele gênero musical, ou prática de lazer, por exemplo, expressam, muitas vezes, de maneira modelar a condição de um modo particular de se

---

53   Para uma discussão mais detalhada sobre esse aspecto, consultar Setton (2002, 2009a, 2012).

socializar. Nesse sentido, tudo leva a crer que as disposições de *habitus* podem ser fundadas em categorias de percepção, apropriação e ação híbridas que tenderiam a ser acionadas conforme os contextos de sua produção e realização[54].

Nesta linha de discussão destaca-se Bernard Lahire (2004a; 2004b; 2006). Segundo ele, a coerência dos esquemas de ação ou as disposições de cultura que os atores interiorizam dependem notadamente da coerência dos princípios de socialização aos quais estão submetidos. Como desdobramento deste raciocínio, para Lahire a incoerência das disposições de cultura impediria o uso do conceito de *habitus* pois este é formulado a partir do princípio da unidade. Contudo, ao contrário e diferente deste autor considera-se que o conceito de *habitus* continua sendo um instrumento de análise relevante para se compreender os processos socializadores atuais dado que permite observar as texturas sociais diferenciadas, ora coerentes ora heterogêneas, enquanto formas de organização e/ou significação de condutas (MARTUCCELLI, 2010, p. 222; SETTON, 2012).

Habitus é mediação que se constrói processualmente, em muitos momentos da trajetória dos sujeitos; um conjunto de experiências acumuladas e interiorizadas, passíveis de se modificarem e de se realizarem como respostas aos momentos de necessidade. Como diria Bourdieu (1998, p. 54) "como não ver que o grau em que um habitus é sistemático (ou, pelo contrário, dividido, contraditório), constante (ou flutuante ou variável), depende das condições sociais da sua formação e do seu exercício, e que pode e deve, portanto, ser medido e explicado empiricamente? O princípio de unicidade dos habitus, pois, na contemporaneidade seria a capacidade de mesclar disposições

---

54 "Vou dissipar outra dificuldade: o *habitus*, por ser um sistema de virtualidade - só se revela em referência a uma situação. Contrariamente às afirmações que me são atribuídas, é na relação com determinada situação que o *habitus* produz algo. Ele é semelhante a uma mola, mas é necessário um desencadeador; e, dependendo da situação, ele pode fazer coisas opostas" (BOURDIEU; CHARTIER, 2011, p. 62).

de cultura. Desta forma, o *habitus* pode ser construído por disposições híbridas, desde que as condições de socialização assim o determinem. Ou mais, traçada em contextos societários em que a coexistência de múltiplas referências e orientações de valores é constitutiva de uma história, a hibridação de comportamentos deve ser vista como uma possibilidade teórica e simultaneamente histórica. Não seria somente uma socialização plural, pois esta infere uma vocação sincrônica relacionada a uma diferenciação social e de grupo. A socialização híbrida por outro lado, sem negar a dimensão precedente está ligada a uma diacronia pois os diferencial das socializações integra elementos que pertencem a representações históricas individualmente percebidas. Ou seja, uma socialização diacrônica na medida em que os indivíduos combinam elementos que, segundo representações sociais, pertencem a diferentes momentos históricos, por vezes, modernos e tradicionais, seculares ou religiosos, todos dependentes de uma hierarquia de valores. Assim sendo, a noção de socialização híbrida serviria como um operador analítico para sociedades em que passam por expressivos processos de modernização[55].

Ademais, ao pensar a articulação de um conjunto de disposições híbridas na origem das praticas e ações, evidencia-se uma ferramenta conceitual que foge do entendimento da neutralidade dos sincretismos culturais. Historicamente marcado por um imaginário positivo e democrático, o principio da hibridação aqui utilizado, ao contrário, chama a atenção para as armadilhas hierárquicas que as sociedades multiculturais podem encerrar. A noção de *híbridas disposições de habitus* é capaz, pois, de revelar que a composição e/ou as *escolhas* por determinados valores e práticas podem corresponder a uma leitura singular que os sujeitos realizam em situações específicas. O principio de hibridação utilizado obedece a uma

---

55 Gostaria de agradecer à Danilo Martuccelli por ter formulado essa proposição de maneira clara, alertando para o fato de que uma socialização híbrida responder notadamente a diferentes temporalidades históricas.

percepção de valores e/ou de orientações bem-sucedidos em determinado contexto social; ou melhor, valores que poderiam ser capitalizados a partir do julgamento/avaliação das condições vividas. O princípio da hierarquização das disposições de *habitus* responde, muitas vezes, a valores legitimados ou com maior apelo social, como a educação escolar, por exemplo. Portanto, a hibridação de disposições não é indiscriminada ou neutra. Não se mescla, não se funde ou mesmo não se escolhe práticas arbitrariamente. As opções de orientação e de prática que se pode abraçar correspondem a estratégias de aceitação e reconhecimento, respondem a demandas sociais derivadas de uma avaliação sobre a realidade que cerca e constrange os indivíduos. Pretendendo chegar a uma interpretação plausível, crê-se ser capaz assim de alcançar novos processos de coexistência e produção de sentidos; processos realizados pelos sujeitos como estratégias de subjetivação e compreensão de novos signos de identidade e ou individuação (MONTERO, 2003, p. 116-118) [56].

Por fim, a proposta de se pensar as disposições de cultura a partir da categoria híbrido resulta num caminho de se apreender saídas estratégicas, ou até mesmo táticas, para se sobreviver em um mundo pleno de contradições. A proposta de se trazer a noção de hibridação revela uma alternativa de se compreender a ação do agente social a partir de sua percepção acerca de valores hierárquicos no interior de estruturas sociais em transformação. Um esquema interpretativo que explicitaria uma subjetividade em funcionamento; aspectos valorativos motivariam os indivíduos a investirem ou a se afastarem de diferentes experiências ou orientações sociais. A aventura do social, ainda que consolidada, apresenta-se, em parte, maleável pela ação avaliativa dos sujeitos em um determinado espaço-tempo. Em síntese, há uma compreensão sobre a forma

---

56 Neste sentido, a intenção aqui é aprofundar empiricamente a correspondência entre estruturas sociais/estruturas de socialização e a tessitura da individuação. Não se confunde com a discussão sobre a capacidade de livre arbítrio dos indivíduos.

como os indivíduos articulam diacronicamente as múltiplas influências sociais a que são submetidos sem hipostasiar e/ou reificar a noção de disposição de cultura como alertado por Nogueira (2013).

As sociologias do indivíduo – *a não linearidade das relações individuo e sociedade*

Corroborando a discussão, relembra-se aqui mais uma vez a contribuição de Martuccelli (2010). Segundo o autor, a sociologia da individuação permite fazer uma espécie de macrossociologia que parte da vivência individual com vistas a chegar ao comum de cada sociedade, entre elas o desafio da escolarização. Fazendo ponderações críticas acerca do conceito de socialização clássico e dos autores que observam os processos de individualização unicamente a partir do enfoque institucional, Martuccelli interpela a experiência do ator social que, pouco a pouco, tem se realizado por fora, contra ou diferente das instituições. Para Martuccelli, entre outros autores, já há algum tempo, a crise da sociologia tem se desenhado em função da dificuldade de ajustar linearmente experiências individuais e processos estruturais. Para estes estudos, na modernidade tardia, a partir de meados do século passado, a diferenciação social, a pluralidade dos círculos sociais (ARNOLDI, 2014) e a dinâmica experiência urbana (REIS, 2014) impõem novas formas de socializar os indivíduos.

Por razões de ordem histórica e teórica, é mister compreender que os percursos individuais atravessam contingências posicionais (SETTON, 2014), de gênero (GOMES, 2010), especificidades geracionais (DAYRELL, 2014) ou de nacionalidade, porém se submetem, sobremaneira, a uma deriva, a um processo histórico contingente e maleável. É preciso, portanto, que investigadores examinem de perto as circunstâncias, a rede de relacionamentos e a configuração societária responsáveis pela sustentação dos processos de transmissão, incorporação e legitimação de valores culturais; nesse sentido, é necessário ainda recortar uma situação histórica, social e ou mesmo familiar de interiorização do social objetivado, na tentativa de compreender a correspondência entre processos socializadores e de individuação.

Mais especificamente, se até recentemente a tarefa da sociologia, independente das escolas sociológicas, foi compreender as experiências pessoais a partir de lógicas grupais e societárias, é preciso hoje admitir novos recortes. O antigo modelo interpretativo tem apresentado dificuldades na medida em que a noção de uma *sociedade* integrada desfaz-se com o surgimento de vivências contingentes e incertas. Não se trata de romper com uma leitura posicional, segundo Martuccelli; trata-se de uma necessidade epistemológica de se compreender as incertezas de um mundo atravessado por uma variedade de orientações em constante disputa. Os indivíduos, não seriam efeitos diretos das circunstâncias econômicas, políticas ou sócio históricas. Estas devem ser vistas como um espaço de um jogo cuja elasticidade obriga reconhecer e considerar o trabalho que os indivíduos desenvolvem sobre si.

De acordo com Martuccelli (2007), o espaço das *escolhas* individuais, como por exemplo a valorização da escolarização ou o seu inverso, é dado pelas texturas, pelas consistências sociais, isto é, os agentes fazem uso de soluções biográficas no interior das contradições sistêmicas. Os indivíduos não são mais obrigados a se espelhar nas autoridades (familiar e escolar); ao contrário, podem estabelecer comportamentos menos obedientes e mais reflexivos frente às dificuldades que encontram ao longo de suas experiências socializadoras. Posto isto, a sociologia da individuação serviria como uma alternativa complementar de interpretação da realidade social, a qual interroga sobre o tipo de individuo estruturalmente produzido por uma sociedade em um período histórico. Perscrutando acerca do trabalho que indivíduos fazem consigo mesmo, pode-se observar respostas singulares a dificuldades comuns, como a escolarização, respostas diferentes que resultam de uma pluralidade de posições, recursos, estratégias e habilidades articuladas.

A busca pelo *reconhecimento* e *escolha* pela educação

Dando continuidade à discussão acima, a fim de concretiza-la em um caso empírico, nesta seção enfatiza-se as noções de *reconhecimento* e *escolha* como eixos interpretativos de uma trajetória pessoal. Tem-se como base a história de vida de um indivíduo que nasceu, mora e trabalha *na* e *para* a sua Comunidade, o distrito de Alter do Chão, em Santarém, no estado do Pará. Professor de uma escola local, descendente dos índios *boraris*, Antonio[57] frequentou o mestrado na Universidad de los Pueblos de Europa. Escritor, publicou um livro sobre uma festa regional bastante conhecida, o Çairé, bem como outro relativo à sua cidade natal, tendo recebido por isso prestígio tanto no universo da cultura popular como no âmbito da cultura acadêmica. A esse empreendimento, soma-se o empenho na divulgação do ritmo local *carimbó*, ainda que tenha como preferência pessoal a música eletrônica e o rock progressivo. Sujeito articulado, convive e disputa com autoridades oficiais, midiáticas e locais o projeto educativo do colégio em que leciona. Circulando na escola, presente na radio local, coordenador das festas populares, bom articulador político, professor de Língua Inglesa e Portuguesa, ou nos momentos de necessidade, professor de Religião, Antonio postula a fé católica, embora em ocasiões especiais recorra aos conselhos da pajelança ou do espiritismo.

Para traçar as correspondências entre a *socialização* e a tessitura da *individuação* de Antonio, ou para compreender a correlação entre a busca por um *reconhecimento* e suas

---

57 O nome dado ao sujeito da narrativa é fictício. Vale salientar que tem-se permissão de uso de sua história pessoal para fins acadêmicos.

escolhas de formação escolar, poderia começar pelas representações valorativas acerca das ideias de progresso e desenvolvimento que pairam sobre a região. Sabe-se que essa opção pode soar arbitrária, todavia ela possibilita circunscrever a narrativa que segue. Convivendo em um ambiente de baixa escolaridade, absorvendo os discursos de atraso sobre a região e sua população de origem, seria esperado de Antônio um esforço objetivo e subjetivo de transformação dessa ordem. Embora em outros núcleos brasileiros o conhecimento escolar já não seja o diferencial para se alçar a uma mobilidade social, em Santarém quem conta com um diploma e, apresenta um saber diferenciado dos demais, torna-se muito valorizado, ou seja, passa a ser notado, notável; passa a ser reconhecido e a se reconhecer como especial. Como diz o ditado, *em terra de cego quem tem olho é rei*.

Valeria alguns apontamentos sobre o que se entende pela noção de *reconhecimento*, pois ela é uma constante no discurso de Antonio. Embora bastante antiga, a expressão assumiu uma repercussão teórica nos últimos dez anos de maneira bastante singular (HONNETH, 2006; GUÉGUEN; MALOCHET, 2012). A noção de *reconhecimento* passou a ser objeto de seminários e de reflexões de ordem política e fenomenológica, explicitando um sentimento comum das sociedades modernas, ou seja, a competição e o singularismo. Não obstante, talvez de todo o debate travado até agora, aquele que mais se aproxima das intenções deste texto refere-se às reflexões de Axel Honneth (2006), pois esclarece como o espírito de uma época pode dialogar com a formação das representações e maneiras de ser e agir dos sujeitos.

Segundo Honneth (2006), o *reconhecimento* é um sentimento comum e fundamental na construção identitária. Possui uma dimensão antropológica, pois como seres humanos, não se pode desenvolver uma identidade e/ou uma relação positiva com o mundo sem que se tenha vivido experiências positivas sobre ela. Trata-se de uma noção relacional que aborda três eixos fundamentais da existência. Para Honneth (2006), tais eixos podem conviver juntos ou em separado, mas sempre estarão condicionados por um contexto social. Seriam eles o eixo relativo ao a) princípio do amor ou afeto, construído, sobretudo na esfera íntima/familiar; b) o princípio da solidariedade, desenvolvido nas relações com a Comunidade; e, por fim, c) o princípio da igualdade, encontrado nas relações jurídicas. Essa síntese, ainda que muito sucinta, é oportuna, pois oferece um caminho para se analisar a experiência de Antonio. Ela auxilia a interpretação da sua busca de visibilidade, aceitação e distinção, a partir de um particular esforço e dedicação aos estudos. Sociologicamente é compreensível esse empenho por atestar uma compreensão intuitiva dos projetos e/ou estratégias de reprodução ou melhoria de oportunidade do seu grupo de origem. Na ocasião de sua graduação, década de 1980 e 1990, os índices de escolarização na região traduzem uma precariedade. Os sopros ou os ciclos de esperança da região amazônica decerto promoveram expectativas maternas aceitas docilmente por Antonio. Desde muito pequeno, o entrevistado manifestou desejo de ser bem avaliado, de ser cumprimentado por seu esforço. O ajuste entre projeto familiar e projeto de vida pessoal tornou-se factível e desejável para ele. Indo um pouco além, poderia se afirmar ainda que um elemento de natureza subjetiva somou-se, ou melhor, integrou-se a um contexto específico.

De maneira não planejada, Antonio foi matriculado por uma conhecida da família, em um curso técnico noturno, na escola privada mais prestigiada do município, onde teve que aprender a conviver *com* e *entre* diferentes. Para garantir sua sobrevivência nessa nova etapa da vida, foi obrigado a lançar mão de vários recursos. De certa forma, a faceta de circular por tantas atividades profissionais ou laborais, muitas delas distintas, conferira a ele uma particularidade comum entre trabalhadores da America Latina (MARTUCCELLI, 2010); colecionou aspectos e ou fragmentos de formação, desenvolveu uma série de atividades multideterminadas, ao mesmo tempo em que não se especializou em nenhuma. Antonio que tanto valoriza a conquista de seus diplomas revela estar permanentemente em formação, ao abraçar uma variedade de atividades no campo da cultura. Seu percurso favorece a composição, a fusão, uma disposição para enfrentar o novo, a aventura, o imprevisto. E nessa condição traça sua sensibilidade e individualidade.

Decerto, o contexto local, as oportunidades que se abriam ou fechavam exigiram-lhe uma postura particular de fundir experiências. Tudo leva a crer que circular entre mundos com valores tão diversos permitiu a Antonio traduzir a constituição de um contexto histórico específico. A vida singular desse sujeito pôde por em evidência uma condição cultural mais ampla, retratada por um Brasil construído em sua hibridação, na mescla de comportamentos e códigos de vários segmentos sociais. É surpreendente como a vida de Antonio auxilia o circunscrever de um novo *modus operandi* na constituição de algumas disposições de *habitus*, isto é, um sistema gerador de maneiras de ser, reagir e imaginar outro mundo para si.

Em outras palavras, poderia afirmar que ao articular experiências de vida realizadas na família, na escola, no grupo de pares ou no trabalho, deu a cada um destes patrimônios um peso específico segundo sua sensibilidade e apreciação[58]. Assim sendo, seria difícil generalizar, a medida que cada um de seus pares daria à arte de articular essas referências. No caso de Antonio, princípios familiares, em parte apropriados, em parte abandonados, segundo uma sensibilidade do momento e, sobretudo, uma avaliação própria, são dinâmicas não verificáveis *à priori*. Só seu relato permitiu verificar o sentido e a direção destas articulações. Arriscar-se-ia ao afirmar, inclusive, que a composição híbrida das disposições de

---

58 Neste sentido, valeria destacar aqui a dimensão prática e cognitiva das disposições de habitus se articulando. Uma forma de ação baseada em um entendimento sobre o mundo.

habitus deveriam ser sempre contextualizadas historicamente. Ou melhor, a dinâmica da fusão de orientações, mais do que historicamente condicionadas, realizar-se-ia de acordo com a legitimidade e a hierarquia dos valores institucionais em jogo. No caso sociológico de Antônio, destaca-se o peso do projeto familiar aceito docilmente por ele, o valor da educação formal na localidade, bem como o forte compromisso moral entre ele e sua Comunidade de origem; como resultado, tudo foi somado, adaptado e, por fim, articulado a outras experiências de socialização.

Certamente Antonio percebia-se, na ocasião de sua puberdade, diferente de seus colegas e injustamente posicionado na distribuição de direitos sociais; provavelmente esse exercício comparativo aguçou seu interesse em mudar de destino e às dificuldades encontradas respondeu com uma boa vontade cultural contínua. É possível observar em Antonio certa postura dócil frente às atividades e práticas de cultura prestigiadas pelas frações da elite (BOURDIEU, 1979). Desde o ano de sua formatura no ensino médio, em 1992, praticamente nunca parou de investir nos estudos: concluiu o magistério (1994), um curso de Inglês (1996-2000), frequentou um cursinho para vestibular (1999), ingressou na universidade (2000) e agora acabou de finalizar sua pós-graduação (2010). Afirma todo tempo que não quer compromisso com mulheres, não quer ter filhos e o investimento em seu futuro traduz-se numa *escolha* sempre explícita no campo cultural. Como grande parte dos trânsfugas de classe, Antonio ainda hoje sente e expressa a ambiguidade de estar no meio de uma travessia. Sua posição social é ambivalente, pois está no meio do caminho, em uma encruzilhada; está atravessado por sentimentos contraditórios de modelar--se à semelhança dos grupos hierarquicamente superiores ao mesmo tempo percebendo não ter chegado lá. É perceptível ainda em seu discurso a rejeição a um estilo de vida restrito à família, trabalho, filhos e velhice. Tem sede de conhecer o mundo, cidades famosas, pessoas diferentes e seus contatos fora do Estado ou do país são troféus bem cuidados. A necessidade e o gosto pela cultura local e mundializada como imagem e semelhança são elementos construtores de uma identidade social e pessoal. Operacionalmente, a dimensão prática e cognitiva pode ser identificada nas escolhas que faz. Na experiência estética, é possível observar que na composição de suas práticas de cultura, não existe a centralidade das disposições escolares, ainda que seja professor e escritor; na análise de seu comportamento e preferências de gosto não seria possível circunscrevê-lo em uma origem popular e ou indígena; o gosto cultural de Antonio é a síntese de todos esses atravessamentos. A casa onde mora é uma fusão das referências a que tem acesso. Uma composição de temporalidades e de gosto expressam a realidade de que faz parte. Uma TV LG convive com um artesanato indígena; um sofá e uma rede dividem igualmente sua atenção nos momentos de repouso; utensílios de alumínio e ou plástico, dourados ou de cores tropicais confundem-se numa composição particular. Cartazes de eventos realizados por ele, bem como *banners* em que sua figura divide espaço com a Torre Eiffel traduzem um sentimento atravessado por experiências culturais locais e mundializadas (ORTIZ, 2000).

Na dimensão do trabalho, desde a infância, Antonio precisou participar do roçado, entre outras atividades de coleta ou trabalho braçal, e mesmo como professor foi responsável por várias atividades. O ambiente por onde circula propicia a fragmentação e a disposição em direção a um *habitus*, cujo *modus operandi* é o da fusão e o da circulação por diversas referências; práticas laborais diversas, o que enseja novas articulações, sínteses e perspectivas disposicionais heterogêneas. Decerto, talento, determinação pessoal, em associação a valores e a uma flexibilidade de estrutura social local foram fatores capazes de construir as condições de possibilidade para realizações desta natureza.

No que se refere à dimensão ética, Antonio parece ter consciência do valor de sua boa vontade cultural. Sabe que quanto mais se estuda, mais se torna *reconhecido*, notável, distinto e, mais que tudo, livre dos constrangimentos financeiros e de criação. Mais do que isso, garante-se o direito a uma singularidade. Ademais, valeria salientar, suas *escolhas* não são determinações do destino tampouco são inatas; parecem estar mais próximas de estratégias ou mesmo ser táticas de avaliação de um campo de forças. Pertencente a uma localidade em que se aposta num modelo liberal de sucesso social e individual, sensível às armadilhas de instabilidade dele constitutivas, Antonio parece desenvolver um sentimento de inconsistência posicional tal como descrito por Arteaga e Martuccelli (2012, p. 293). Ou seja, a especificidade da estrutura local, sua instabilidade e vulnerabilidade, devido aos grandes reveses dos ciclos econômicos de crescimento seguido de depressão, proporcionam um indivíduo aberto a aproveitar as chances de mobilidade apresentadas. Num ambiente estruturalmente movediço, em que as posições sociais alcançadas podem vacilar devido às oscilações econômicas, como é o caso da região em que Antonio socializou-se, é possível observar uma configuração favorável a processos de individuação, associado a uma rede de relações, contatos ou mutualismo. No relato de Antonio, nota-se como ele soube/sabe aproveitar as oportunidades que lhe foram/são apresentadas. Antonio também revela empiricamente sua facilidade em converter capital cultural em capital econômico e sobretudo, demonstra a arte de transforma-los em capital simbólico. Vínculos de amizade ou laços profissionais, uma autêntica rede de contatos sempre lhe serviu como instrumento que capitalizou esforços tecendo visivelmente um capital de reconhecimento. Tendo facilidade de se associar, seja com o universo culto da cidade, professores e pesquisadores locais ou externos, bem como com a população de antigos moradores da região, Antonio constrói conexões de muitos matizes, fazendo uso de todas elas quando necessário. Certo sentido de oportunismo, astúcia ou jogo de cintura, enfim certa disposição ou predisposição para garantir uma situação e ou posição até então conquistada, uma espécie de capital social em constante construção (BOURDIEU, 1998; MARTUCCELLI, 2010). No tocante à dimensão religiosa, valeria assinalar que seu protagonismo não acaba na esfera de realizações de ordem imaterial. Antonio também é visto, por muitos, como um mensageiro de benefícios espirituais. Se não bastasse seu prestígio no mundo das ideias profanas e acadêmicas, Antonio parece ter, mesmo que não queira, um destaque na esfera religiosa. Católico com fé e leitor da Bíblia, embora não praticante, em várias ocasiões foi levado a intermediar a esfera terrena com a esfera espiritual. Talvez seja sua condição de escolhido pelo Menino Jesus, como dizem seus familiares. Antonio, para muitos, é um indivíduo abençoado. Segundo seu relato, já participou de várias situações de interlocução com entidades espirituais. Apropriando-se e seguindo prescrições de pajés ou de entidades imateriais, foi capaz de livrar muitas famílias de circunstâncias misteriosas, em que o peso dos mortos ainda se fazia sentir. Durante algum tempo, também foi portador da palavra de entes incorpóreos, bem como fez uso de suas mensagens para tratar de dificuldades de saúde e de problemas de membros da Comunidade.

Antonio admite fazer preces todas às noites, seguindo o aprendizado de sua mãe, ainda que não frequente o culto católico com assiduidade. Sua família é um exemplo de pluralidade religiosa, oportunizando a convivência e o estímulo para diferentes e imponderáveis articulações de distintas orientações religiosas. Assim sendo, suas experiências espirituais não se opõem a outros credos nem às outras convencionalmente racionais e lógicas. Ao contrário, Antonio não se imagina fazendo uso de referências dissonantes, nem mesmo poder-se-ia atribuir esse sentido às interpretações que faz sobre realizações e práticas no campo religioso. Segue vivendo.

Sua experiência desde pequeno foi traduzida por fusões de representações derivadas de matrizes culturais diversas de maneira quase naturalizada, visto que aprendeu a respeitá-las e amalgamá-las, sempre quando em contato com a situações embaraçosas. As aproximações, articulações e ou os ajustes simbólicos parecem ser constitutivos de seu processo socializador, é o *modus operandi* de seu *habitus*. Os desafios estão lá, as articulações podem possuir várias direções, levando a configurações de sentido imponderáveis, porém nunca arbitrárias. Elas fazem crer, elas aliviam tensões, elas auxiliam na travessia e, portanto, são vividas enquanto reais e evidentes.

Talvez poderia se insistir na compreensão de suas *escolhas* e realizações, a partir de um feixe de condicionamentos socio-históricos. Aliado a a) esse *espaço-tempo*, é necessário lembrar; b) o *estimulo doméstico*; c) *certa estabilidade econômica*, bem como c) uma *inquietação pessoal*. Ademais a d) *frequência a uma escola de qualidade*, e) *suas incitações*, e f) o *contato com modelos identitários de sucesso* também não poderiam deixar de serem citados. Esses são fatores de ordem e natureza variadas, mas que agindo de maneira *interdependente* parecem ser responsáveis pelo rumo que sua vida tomou. Aspectos que agiram na construção de um sistema de acondicionamentos que o predispôs a se orientar, valendo-se de experiências díspares, contudo capazes de lhe instrumentalizar para a vida. Condições particulares de socialização que circunscreveram maneiras específicas de compor uma individuação, um *modus vivendi sui generis*. Enfim, um *modus vivendi* movido pela articulação de disposições de cultura favoráveis à realização de sua individuação.

Por fim, sociologicamente, seu singular perfil não deixa de ser curioso: foi sendo conquistado lentamente, a partir do enfrentamento de muitos desafios e constrangimentos. No decorrer de seu percurso, foi somando aprendizados, pulando obstáculos, desviando-se, encantando-se ou se debatendo com ensinamentos, sempre articulando disposições e orientações de cultura de naturezas diversas. A vivência de tantas experiências de socialização parece ampliar suas opções, ao mesmo tempo em que lhe possibilita a construção de uma identidade, uma individuação em processo. A forma como testa sua vocação nesta ou naquela atividade não lhe confere muita dificuldade ou angustia. Transita por todas, as vezes se dá bem, continua seguindo experimentos, atravessa fronteiras de gosto e, por fim, constrói um sistema de princípios sujeito a constantes reformulações. Está sendo socializado em condições específicas e precisa fazer valer o *modus operandi* da fusão e hibridação de disposições de *habitus*.

Em outras palavras, estaria em seu *habitus* essa disposição involuntária, aventureira, de aproveitar as oportunidades. Tudo leva a crer que numa estratégia (BOURDIEU, 1979) ou numa tática (DE CERTEAU, 2002), Antonio sabe tirar proveito de conhecimentos e conhecidos, sabe articular sensibilidade e desejos pessoais num contexto sócio temporal propício para tal. Sua biografia de vida revelou a trama de uma *estrutura*, de uma *história* cultural bem como *valores* que em conjunto, sedimentaram experiências dissonantes.

Considerações finais

Se na tentativa de finalizar essa reflexão, perguntássemos se Antônio é um sujeito socializado na Amazônia, decerto entraríamos em uma discussão parcial. De fato ele é um amazônida, mas um amazônida que compôs seu sistema de orientações (*habitus*) a partir de uma multiplicidade de referências culturais. Nesse sentido, suas disposições de cultura possuiriam muito da *alma* amazonense, da *essência* do paraense e/ou do *espírito* santareno. Contudo, Antonio não é só isso; é um pouco de tudo isso e muito mais. Nasceu e vive num espaço-tempo em que a fusão e o atravessamento de influências são inexoráveis e, até certo ponto, imponderáveis (ORTIZ, 2000). A dinâmica das configurações locais é intensa. As diligentes frentes migratórias, as comunicações virtuais impõem um ritmo acentuado de trocas culturais. Instabilidade e riscos caminham juntos nesse processo aberto de construção do social, produzindo um contexto favorável à emergência de *híbridas disposições de habitus*. Vale ressaltar ainda que as noções de *reconhecimento* e *escolha* trazidas como eixos da vida de Antonio permitiram visualizar o diálogo com a teoria do *habitus* enquanto um social subjetivado[59]. Ambas noções auxiliam a imaginar analiticamente a ideia de configuração no interior da qual as relações sociais vividas encerram um sentido, uma história. Isto posto, talvez não seja demasiado afirmar ou mesmo apostar que tais noções poderiam ser úteis para outras análises de casos de trajetórias singulares, outras experiências de vida explicitando a dialética e a tensa correspondência entre *indivíduo* e *sociedade*. Elas são capazes de revelar as relações de *interdependência* entre os processos da *socialização* e da *individuação*; evidenciam o diálogo de que se perceber como sujeito/pessoa é indissociável do reconhecimento que se recebe dos outros. As *escolhas* que fazemos resultam de um contínuo, são produtos de uma intersubjetividade. As apostas individuais respondem a certa intuição de que, para se ver reconhecido é necessário tecer um terreno favorável, considerar uma ambiência, uma via, um percurso viável. A escolarização e seus efeitos nos rumos profissionais foi uma delas na trajetória de Antonio. A educação formal e escolar revelam-se como fenômenos, como práticas que evidenciam um contexto *histórico*, corroboram *valores* que permeiam vidas *individuais* que *estruturam* a desigual distribuição de poderes.

Em síntese, seguindo ensinamentos há muito difundidos acerca das relações de interdependência entre *indivíduo* e *sociedade*, bem como acompanhando o movimento das inflexões

---

59 "Falar de *habitus* é colocar que o individual, e mesmo o pessoal, é subjetivo, é social, é coletivo. O *habitus* é uma subjetividade socializada"(BOURDIEU, 1992, p. 101) (tradução nossa).

sociológicas contemporâneas, o esforço empreendido nessas reflexões ensejou apresentar uma contribuição à teoria da socialização. Pensar relacionalmente os fenômenos sociais nas suas manifestações estruturais ou subjetivas foi um desafio. Abandonando o entendimento de que haveria uma correspondência estreita entre ator e sistema, estruturas mentais e sociais, buscou-se investigar a origem efetiva da vida social, os sentidos e as razões históricas e estruturais que levariam os indivíduos a articularem referências sociais distintas. Neste sentido, optou-se por uma perspectiva que não se ocupou exclusivamente nem no *sistema* nem no *ator*, mas do intermeio tecido entre os dois, ou seja, a história e os sentidos.

Por fim, a experiência de Antônio pôde retratar o imponderável processo de articulação de distintas disposições de cultura. Observou-se que no interior dessas experiências, apesar de condicionadas por marcadores sociais como origem social e local de moradia, abriram-se diferentes alternativas. A diversidade de orientações a que se teve acesso, embora plurais, foram sempre permeadas por tessituras valorativas verticais. A *escolha* pela escolarização na busca de um *reconhecimento* foi construída ao longo de um percurso, a partir de uma singular percepção de interesses em disputa. Detectou-se, pois, empiricamente, as condições de possibilidade de um espaço-tempo em que a articulação de disposições de cultura fez-se indispensável e desejável, na medida em que circunstâncias sociais assim o exigiram. Desta forma, em condição de modernidade crê-se que a noção de hibridismo se fez oportuna e traz uma contribuição à teoria disposicionalista do *habitus*.

CAPÍTULO SEIS

DESENVOLVIMENTO ECONÔMICO E DESENVOLVIMENTO SOCIAL NA REGIÃO NORTE:
percursos incertos

Este capítulo tem como objetivo proceder a uma análise comparativa entre índices de crescimento econômico e crescimento social/educacional nas décadas de 1980 a 2010, na região norte, mais especificamente no município de Santarém. A intenção é verificar se o modelo de desenvolvimento local e a provável difusão de um aumento da riqueza material e econômica se estenderam para outras dimensões da vida regional estudada (cultural e educacional). Tem-se ainda a intenção de verificar se o incremento social local corrobora ou não as teses acerca do crescimento de um novo segmento ora denominado *nova classe média*.

Ademais, o objetivo de construir uma análise comparativa entre dados econômicos e sociais cumpre a expectativa de atualizar o processo de desenvolvimento da região norte brasileira apresentado nos capítulos iniciais do livro. Trata-se ainda de um compromisso de aprofundamento dos estudos de um novo segmento social que emergiu na localidade, onde a figura de Antônio, relatada no capítulo anterior, poderia servir de exemplo. Tendo sido realizada uma investigação sobre a história de vida deste indivíduo, pertencente às camadas populares, que se submeteu a um processo de escolarização e sofreu uma notável mobilidade social, sentiu-se necessidade de identificar as circunstancias macrossociais deste percurso. Considerou-se pois oportuno observar o comportamento do crescimento de um novo segmento social na região norte, denominado por alguns pesquisadores como uma *nova classe média,* portadora de um poder de consumo expressivo, ainda pouco escolarizado, ou ao menos com baixas expectativas educativas. Uma incursão na bibliografia a respeito poderia oferecer subsídios para a análise que propõe (SOUZA; LAMOUNIER, 2010; SOUZA, 2012; NERI, 2013; POCHMANN, 2013).

Assim sendo, acreditou-se que ao fazer um levantamento de dados estatísticos, segundo aspectos demográficos, econômicos e educacionais, chegar-se-ia a hipótese de que as esferas sociais acima citadas teriam desenvolvimentos homogêneos. Durante o período da análise da biografia de Antonio, buscou-se fundamentar o contexto local com informes socio-históricos da região. Contudo, todo o tempo esbarrou-se em dificuldades pois não se conseguiu informações sequenciais no campo da economia e da educação. Grande parte dos dados registrados foram obtidos pela consulta a trabalhos de terceiros, matérias jornalísticas e poucos estudos acadêmicos no setor da educação e da economia. É certo que a bibliografia sobre a geopolítica (BECKER, 2005; COSTA, 2005, LOUREIRO, 2010, 2011) da região é mais evidente, por outro lado, reflexões na área dos sistemas educativos sempre foram muito precárias (COLLARES, 2005).

Tendo como experiência essa dificuldade, acreditou-se que um trabalho detalhado de pesquisa em sites governamentais poderia vir a ser uma estratégia promissora. Dedicou-se intensamente na busca de informações mas constatou-se a raridade de dados relativos aos municípios brasileiros, sobretudo municípios de regiões com baixa visibilidade ou distantes dos centros urbanos. Cabe registrar ainda que a busca resultou num volume grande de informações, contudo, nem todas elas puderam ser aproveitadas para esse livro, dado que a ausência de subsídios estatísticos alinhados por década bem como a ausência de periodicidade entre as referências econômicas e sociais foram constantes.

Assim sendo, na impossibilidade de se conseguir dados sequenciais das décadas de 1980 a 2010, tanto econômicos como educacionais, para os Estados da federação e, notadamente, para o município de Santarém, optou-se por mudar o escopo do levantamento de dados, enfatizando informações relativas ao consumo de bens materiais, bens simbólicos (lazeres) (KAMAKURA; MAZZON, 2013), assim como subsídios relativos às condições de trabalho (POCHMANN, 2013), estilo de vida local, precisamente informações sobre saúde e moradia da década de 2000 (AMAZONAS, 2008).

Partindo-se do pressuposto de que o desenvolvimento socioeconômico poderia vir simultaneamente com um progresso nas condições gerais de vida da localidade julgou-se que a empreitada poderia ser produtiva. Ainda que o trabalho de pesquisa tenha sido amplo e detalhado, fica-se a impressão que pouco se sabe ou pouco se divulga sobre os municípios da região norte. Chegou-se a conclusão que a consulta em sites de órgãos governamentais e estatísticos deve ser comparado a uma tarefa arqueológica em que se é obrigado a um cuidadoso e nem sempre exitoso percurso. Nesse sentido mais esforços e investimentos na área são urgentes e fundamentais. Cabe fazer uma denúncia da precariedade de nossas condições de pesquisa, alertando autoridades municipais para a relevância de sistematizarem e disponibilizarem informações para o grande público.

Não obstante esses obstáculos, conseguiu-se considerar alguns aspectos da condição de vida local o que pode vir a auxiliar na tarefa de se aproximar da realidade em tela.

As bases do desenvolvimento econômico

Tradicionalmente, informações relativas ao desenvolvimento ou crescimento econômico são obtidas através de dados do PIB das localidades. Se assim se admite, poder-se-ia afirmar que a região de Santarém vem obtendo um expressivo aumento da riqueza. Pode-se observar que em 1996, com uma população de 242 mil habitantes a cidade apresentava um PIB per capita de 2.033,61; onze anos depois, em 2007, verifica-se um aumento muito além, ou seja, com uma população de 278 ml habitantes o PIB apresentava ser de 7.193,72. Ou seja, verifica-se um aumento do PIB de 253 %. Os setores que sofreram um significativo crescimento são aqueles responsáveis pelas comunicações, intermediação financeira, transporte, entre outros. Todos relacionados ao setor de serviços. Como a tabela abaixo confirma, serviços e industria de utilidade pública, administração e seguridade social, saúde e educação possuem um performance bastante inferior informando-nos acerca de um modelo pouco afeito à melhorias cidadãs.

Composição do PIB em milhão

PIB Por Setor	1996	2007	%
comunicações	5	141	2720
Transporte armazenamento	11	130	1081
Intermediação financeira	14	151	978
agropecuária	130	564	333
Administração pública e seguridade social	83	187	125
Saúde e educação	15	76	406
Serviço, industria de utilidade pública	7	43	514

Fonte IBGE in Amazonas, 2008

Os dados sobre empregabilidade entre 2005 e 2008 também são eloquentes. Em todos os setores observa-se um tímido crescimento ou estagnação, talvez sinalizando para um tipo de desenvolvimento singular pois é patente o crescimento do agronegócio na região. Nesse item identifica-se um aumento extraordinário na carga no Porto de Santarém. Entre 2004 a 2007, isto é, em três anos, dobra-se a carga de soja (444 milhões para 854 milhões). Em relação ao Porto da *Cargill*, em 2004 exportou-se 140 milhões de dólares e, em 2007, 214 milhões.

Em relação ao Índice de Desenvolvimento Humano (IDH), Santarém revelou melhorias expressivas, mas aquém do necessário, pois em trinta anos, entre 1970 a 2000 o IDH em renda era de 0,176 e passou para 0,597. Em matéria de educação, observa-se certo alento, pois em 1979 o IDH era de 0,506 e, em 2000, 0,884 [60] o que poderia sugerir que a significativa performance na produção da soja exigiu o acompanhamento qualitativo de outros setores da vida social local. Entre os dez municípios mais ricos do estado do Pará, Santarém encontra-se como o segundo no setor da agropecuária e o quarto no setor de serviços (Amazonas, 2010).

O Estado da Educação

Com o propósito de conhecer os ganhos relativos ou o estado em que se encontra a educação no município de Santarém, esforçou-se para seguir as mesmas datas daquelas relativas ao PIB e demais informações sobre a evolução econômica. Assim sendo, ao se comparar as informações de anos próximos de ambas as esferas - economia e educação - verifica-se que o avanço na educação é mais lento ou menos perceptível. Ou seja, em 2004, no ensino fundamental, com 48.274 matrículas, obtêm-se um índice de *aprovação* de **87,7%**; **9,7%** de *repetência* e **2,5%** de *abandono*. Em 2008, o rendimento escolar é muito semelhante, quase não podendo afirmar que houve uma melhora. Com 48.179, matriculas, verifica-se **88,2%** de *aprovação*; **10,1%** de *repetência* e 1,7% *abandono*. Se as taxas de alfabetização vem diminuindo, apresentando em 2005, 84,5%, e, em 2008, 81,7%, segue um expressivo numero de quase 20% de analfabetos.

---

60   O Índice de Desenvolvimento Humano (IDH) mede o nível de desenvolvimento humano dos países utilizando como critérios indicadores de educação (alfabetização e taxa de matrícula), longevidade (esperança de vida ao nascer) e renda (PIB per capita). O índice varia de zero (nenhum desenvolvimento humano) a um (desenvolvimento humano total). Países com IDH até 0,499 têm desenvolvimento humano considerado baixo, os países com índices entre 0,500 e 0,799 são considerados de médio desenvolvimento humano e países com IDH superior a 0,800 têm desenvolvimento humano considerado alto.

Com uma rede municipal forte, hoje, contam com 448 escolas que acolhem 48.179 alunos no ensino fundamental, 5.264 alunos do Educação de Jovens e Adultos (EJA) e 5.571, alunos na pré-escola, num total de aproximadamente, 59.000 alunos atendidos pelo município e, 27.717 atendidos pelas escolas estaduais. Ademais, Santarém, tem apostado e tem investido no ensino superior. Os dados da prefeitura de 2008 apresentam um avanço no numero de alunos interessados nessa etapa da escolarização e os cursos de maior demanda parecem ser as graduações em Pedagogia com seis Faculdades nessa disciplina bem como um curso de Licenciatura nas áreas de física, química, biologia, matemática, língua portuguesa, historia e geografia. Destacam-se também os cursos de Enfermagem, Direito, Sistemas de Informação, com três centros universitários, abrindo vagas sistematicamente. Vale registrar que todas as áreas incrementam o setor de serviços e um mercado de trabalho terceirizado.

Por fim, registra-se que a região vem prestigiando escolas em áreas indígenas e quilombolas. Observa-se em 2008, o numero de 1.189 alunos indígenas e 1.837 alunos nas regiões quilombolas. O número de turmas das Escolas Indígenas também vem se expandindo; em 2006 contavam com 679 e, em 2008, 770 turmas; as turmas de alunos quilombolas também crescem em proporção semelhante, em 2006, 805 e, em 2008, 973 turmas demonstrando uma certa atenção das autoridades para uma reivindicação da população local (AMAZONAS, 2008).

Consolidação de um estilo de vida urbano

Sabe-se que, ainda que a região norte, consensualmente, seja considerada um vazio demográfico e que desenvolva um estilo de vida tradicional, ligada a uma produção econômica agrícola e extrativista, os dados da cidade de Santarém colocam essa perspectiva como verdade parcial. Ou seja, se é certo que 70% da população da Amazônia Legal habite em núcleos urbanos (BECKER, 2005), Santarém apresenta-se bastante semelhante. Em 27 anos, entre 1980 a 2007, sua população rural não sofre acréscimo enquanto a urbana aumenta na ordem de 17%. Sua densidade demográfica de 7,4% chega a 11,3% nesse período, progresso considerável mas ainda abaixo das grandes cidades (AMAZONAS, 2008).

Em 2007, quase a metade de sua população é jovem (146 mil - numa população total de 280 mil), na faixa de escolarização de 05 a 29 anos. Se nos anos 1980 a população se dividia igualmente entre homens e mulheres, observa-se que em 2007, a população feminina é relativamente superior, sendo que as diferenças surgem mais expressivas a partir dos anos 2000.

É a partir ainda desta data que a natalidade local decresce, apresentando a média de filhos por mulher de 3,4, em 2001 para 2,7, em 2007 e, uma taxa de natalidade de 2,9% para 2,4%, entre 2001 e 2007. Por outro lado, as estatísticas mostram que em torno de 25% das mulheres de Santarém tem o costume de ter filhos antes dos vinte anos, demonstrando que parte delas acaba por comprometer ou dividir o período de formação escolar com a responsabilidade da maternidade (AMAZONAS, 2008).

Numero de gestantes menores de 20 anos

anos	Gestantes menores de 20 anos	%
2001	2133	27,5
2007	1801	25,1

Fonte: Dases/SEMSA in Amazonas, 2008.

Outro dado relativo às condições de vida são significativos para esse estudo. Indicadores da qualidade de vida no município não são satisfatórios no que se refere à mortalidade infantil, mortalidade materna e óbitos totais. Todos os índices possuem um crescimento expressivo. Paralelo a essas informações, outras doenças como hanseníase, avançam ou permanecem estagnadas, num alerta de que o crescimento do

PIB na cidade não corresponde a uma melhoria nas condições de vida e saúde. Observa-se o número de mortes devido a AIDS é bastante superior entre os homens e o numero de casos vem crescendo desde quando se começou a consulta. Ou seja, em 1998 o numero de infectados era de 20 e, em 2007, observou-se 193 casos.

Indicadores da qualidade de vida em Santarém - 2001-2007

Ano	2001	2007
Óbitos totais	962	1214
Taxa Mortalidade infantil	14,54%	21,92%
Mortalidade materna	0,69	0,74
População do Município	264.989	278.118

Fonte: Sim/Sinasc/IBGE/SEMSA in Amazonas, 2008.

Indicadores de outras doenças

Prevalência /10.000 hab.	Hanseníase	Tuberculose	Hipertensos
1997	2,1	4,0	-
2000	3,8	6,2	2.303 casos
2007	1,7	4,2	8.318 casos

Fonte: Divisão Técnica /SEMSA in Amazonas, 2008.

Outro item que demonstra um estilo de vida mais urbano pode ser identificado com o número de veículos em circulação na cidade. O volume de automóveis, motocicletas, caminhonetes, notonetas tem um crescimento expressivo, confirmando um aumento na circulação de pessoas, bens e dinheiro na região.

Quantidade de veículos Santarém

Ano	2005	2007	%
automóveis	10193	12564	23
motocicletas	9556	12448	30
caminhonetas	1566	1756	12
motonetas	1295	1660	28

Fonte: Depto de Trânsito do Estado do Pará - DETRAN in Amazonas 2008.

Contudo, em relação ao tipo de circulação rodoviária, entre as estradas que circundam o município, nem todas são devidamente pavimentadas, dificultando e tornando mais arriscado o transporte local e de certa forma demonstrando um certo descaso com os serviços públicos. Neste item vale também destacar que a rede de esgotos de maior parte da cidade, ou seja, 84% das residências são atendidas por fossa e 6% ficam a céu aberto. Apenas 10% das residências são atendidas por esgoto o que confirmaria a falta de investimentos públicos nas melhorias das condições de vida da população em geral. Em relação ao tratamento de água a precariedade também é expressiva. Ou seja, 71% das residências ou não tem tratamento (39%), fazem uso da cloração (29%) e ou fervem a água para uso privado (3%). Por outro lado, 69% das residências são abastecidas pela rede pública e 22% não possuem água encanada; 70% do lixo residencial é de responsabilidade da prefeitura sendo que os outros 30% são queimados ou ficam a céu aberto (AMAZONAS, 2008).

Fatores estruturais do crescimento econômico brasileiro

Segundo Pochmann (2013), na passagem do século XX para o XXI, a estrutura social brasileira depara-se com uma reformulação em suas bases. Depois do Plano Real, em 1994, duas tendências diametralmente opostas em relação ao comportamento das rendas do trabalho e da propriedade podem ser identificadas. Durante nove anos a participação salarial sofre um decréscimo mas houve uma expansão das rendas da propriedade (12%), na forma de lucros, renda e etc. A partir de 2004, dez anos depois, o movimento parece se inverter crescendo os rendimentos relativos aos salários. De acordo com o autor, esta dinâmica pendular fez com que pouco se alterasse a composição da riqueza brasileira.

Contudo deve-se destacar a expansão do setor de serviços no período recente, o que significou a difusão de ocupações com remuneração de 1,5 salários mínimos. Na ocasião, conviveu-se com políticas de apoio às rendas da base da pirâmide social, com valorização real do salário mínimo, sendo possível firmar certo fortalecimento das classes trabalhadoras. Mesmo com um contido nível educacional e uma limitada experiência profissional, as novas ocupações de serviços permitem inegável ascensão social, embora distante de qualquer atributo classicamente observável nos segmentos médios (MILLS, 1979; NOGUEIRA, 1999).

Nesta direção, pode-se obsevar três tendências de transformações em nossa estrutura econômica. A primeira delas, entre 1960-1980, em que a renda por habitante cresceu (renda per capita) porém houve piora na desigualdade de distribuição pessoal e funcional da renda. A partir de 1981, observou-se uma regressão no rendimento dos trabalhadores e uma ampliação da informalidade contratual. De 2004 para cá verifica-se a terceira fase em que a renda per capita aumenta a uma media de 3,3% e a situação do trabalho 5,5%; a participação do rendimento da renda do trabalho aumentou quase 15% e o grau de desigualdade na distribuição pessoal da renda do trabalho reduziu para 11%, o que proporcionou a ascensão de novos segmentos no mundo do consumo com maiores esperanças em uma mobilidade social (POCHMANN, 2013, p. 14-16).

Para os interesses dessa discussão, vale salientar também que se entre 1950 a 1980 apenas o setor secundário (indústria) sofre aumentos reais, na passagem do século XX para o XXI a tendência se inverte. Ou seja, o setor terciário (serviços) passa a ter um protagonismo na produção de empregos e salários, com um aumento na ordem de 30%; por outro lado, os setores primário (agricultura e extrativismo) e secundário perdem na participação do PIB, respectivamente, com taxas de 45% e 28% .

Segundo Pochmann, os postos de trabalhos gerados concentram-se na base da pirâmide social, uma vez que 95% das vagas abertas tinham remuneração mensal de 1,5 salários mínimos, salário de base para dois milhões de ocupações. Em 2000, 59% dos postos de trabalho recebiam esse montante.

Em síntese, uma parcela considerável da força de trabalho sai da condição de pobreza, transitando, segundo o autor, para o nível inferior da estrutura ocupacional de baixa remuneração, portanto, longe dos segmentos médios.

Mas como se configura esse trabalho? De acordo com Pochmann do total líquido de 21 milhões de postos de trabalho criados na primeira década do século XXI, 95% foram com rendimento de até 1,5 s/m mensal; na faixa de cinco salários mínimos mensais a queda total atingiu 4,3 milhões de ocupações, perfazendo um avanço dos empregos na base da pirâmide social brasileira. Os ofícios que mais se destacam nesse movimento é a do setor de serviços (31% da ocupação total); trabalhadores do comércio, construção civil, escriturários, operários da industria têxtil e de vestuário e de atendimento ao público, num total de 72% de todas as ocupações com remuneração de 1,5 s/m mensal. Dos postos gerados, 60% foram ocupados por mulheres, na faixa de 25 a 34 anos de idade e na maioria desempenhados por brancos.

Segue sendo importante que em 1990 as vagas ocupadas por trabalhadores sem estudo vem sendo reduzidas rapidamente; cresce paralelamente os postos que exigem mais escolaridade e, em 2000, quase 85% das vagas abertas destinavam--se aos trabalhadores de base com escolaridade equivalente ao ensino médio. Além disso, lembra que na década de 2000 o Brasil gerou 14,7 milhões de ocupações para trabalhadores de salário de base, detentores de mais de 9 anos de estudos, contra 3,9 milhões nos anos 1990 e 3,7 milhões na década de 1980 (POCHMANN, 2013, p. 40)

Com relação à distribuição regional, Pochmann considera que as regiões norte, nordeste e centro-oeste são as que mais criaram trabalho na base da pirâmide social desde os anos 1990, mantendo-se este crescimento nos anos 2000. Do ponto de vista geográfico as ocupações da base social também sofrem transformações, pois as regiões norte e centro-oeste aumentaram a participação relativa de 6,8% para 15,5% entre 1979 até 1999.

O leitor deverá estar se perguntando o porque da digressão acima. Qual os motivos de apresentar registros sobre o Brasil no tocante ao crescimento da base de nossa pirâmide social? Na tentativa de aprofundar com informações macrossociológicas a dinâmica de mobilidade social observada em Antonio, levantou-se a hipótese que sua ascensão não tinha sido individual. Imaginou-se que os dados recolhidos de crescimento populacional, estilo de vida urbano, aumento da escolaridade na região poderiam ter contribuído para o surgimento de uma nova classe média, como as considerações de alguns autores advogam.

Contudo, a leitura de pesquisas de especialistas na área permitiram outro tipo de digressão, confirmando a análise dos capítulos anteriores que enfatizam um feixe de condições históricas e a relação com o protagonismo individual. Para o desenvolvimento deste argumento, a bibliografia não possui um consenso sobre emergência de uma nova classe média. Ao contrário, os estudiosos se dividem entre aqueles que não consideram a emergência de um grupo estável economicamente a partir de políticas públicas de Bolsa Família, entre outras. Pochmann (2013) e Souza (2012) creem que essa população da base da pirâmide social que passou a receber 1,5s/m mensais não se alocam nos segmentos médios. Ambos entendem que esse grupo social saiu do nível da pobreza e se alocam em setores da economia como os serviços e construção civil etc. Ambos consideram que este grupo continua a desenvolver um tipo de vida com baixas expectativas educativas e, sobretudo, gastam tudo que tem com bens de consumo duráveis, eletrodomésticos, veículos automotores e poucos investem em educação para a manutenção ou melhoria nas condições de vida. São membros de um grupo que avança na idade de 25 anos ou mais, em que o sonho da escola perde-se em um passado recente.

Por outro lado, Souza e Lamounier (2010) e Neri (2013) creem que esse grupo pode ser nomeado como pertencentes a *uma nova classe media* pelos seus níveis de consumo

(KAMAKURA; MAZZON, 2013). Seriam eles responsáveis pelo incremento no volume de vendas, potenciais mobilizadores de investimentos no setor econômico, portanto, peças importantes para o crescimento de um conjunto de atividades produtoras de riqueza. Contudo, contraditoriamente, o que parece desmontar esse cenário ideal de sociedade é que os próprios autores avaliam os planos e os valores morais deste grupo distante da esfera educativa.

Segundo as pesquisas Souza e Lamounier (2010) e Neri (2013), entre outras que vêm sendo publicadas, apenas 35% deste novo segmento preocupam-se com educação, os outros 65% estão distantes desse projeto. O estudo realizado pelo *Data Popular* e o *Serasa Experian*, denomina parte desse grupo de *promissores* (19%) pois a maioria são solteiros, cursaram o ensino médio completo, têm 22 anos em média, e possuem emprego com carteira assinada. Seus gastos se baseiam em beleza, veículos, entretenimento, itens de tecnologia e *educação*. Os *empreendedores* (16%), com maior renda per capita, com idade média de 43 anos, são os que têm mais anos de escolaridade, e seus principais gastos foram *educação*, eletrodomésticos, turismo internacional, tecnologia, entretenimento e veículos. Os outros grupos tais como os *batalhadores* e *aposentados* são adeptos ao consumo, turismo, serviço de saúde mas não acenam para a melhoria de suas condições a partir do aumento de uma escolaridade ou formação profissional.

Neste sentido, busca-se articular essas informações gerais com os dados do município de Santarém. Sabe se que a localidade vem mantendo um crescimento de PIB graças ao setor de serviços, tal como verificado no Brasil e na região norte; considerando o aumento gradual de escolaridade local, considerando os modos de vida urbano assumidos por parte de sua população, tudo leva a crer que a base social no município passa também por profundas transformações mas não suficientes para apresentar-se como protagonistas de uma *classe média* com vistas à educação.

Este conjunto de informações não são suficientes para afirmar que paralelo ao crescimento econômico, a mudança na estrutura do trabalho da cidade, bem como a expansão nas matrículas em todos os níveis de ensino, estamos diante de um crescimento de um novo segmento médio na localidade. A experiência de Antonio, nos parece, seguir sendo localizada a partir de um conjunto de esforços que ele se dispôs e teve sensibilidade de por a seu favor.

Neste sentido, os dados que se têm disponíveis até agora não permitem estimar as práticas educativas que esses *novos trabalhadores* estão ensejando. Pesquisas precisam continuar sendo realizadas com o objetivo de apurar mais aprofundadamente as estratégias familiares e pessoais que esse *novo segmento social* vem fazendo uso. Seria interessante investigar, por exemplo, os estudantes das faculdades emergentes na cidade de Santarém, identificar e analisar as expectativas que desenvolvem em relação ao ensino superior, se estabelecem planos de mobilidade social efetivos, em duas ou mais gerações e ou se cumprem modelos conhecidos de boa vontade cultural afeitos aos segmentos médios.

Por ora, o que se tem é uma promessa pouco convincente de autoridades públicas nesse setor. A distribuição per capita do PIB ainda não alcançou todas as esferas sociais condizentes com uma vida cidadã. Não obstante, movidos pelo interesse que as informações até agora trouxeram, decerto, ainda seremos responsáveis pelo registro dos próximos capítulos da história regional.

CONCLUSÃO

Ao finalizar a escrita dos artigos desta coletânea, julgo que eles encerram uma novidade no campo da sociologia da educação. Embora tenham sido escritos em momentos diversos traziam a perspectiva de serem incorporados e compreendidos de maneira única. Ou seja, penso que tal iniciativa apresenta-se oportuna, pois torna visível, de maneira completa, um material de pesquisa, fruto de anos de sistematização de aspectos teóricos e metodológicos sobre processos formativos entre jovens. Iniciativa que cumpriu o compromisso de dialogar com profissionais que se ocupavam em avançar nas lacunas em certo domínio de investigação.

Na mesma linha de importância, os textos da coletânea ao serem publicados em conjunto permitem uma reflexão integrada e multidimensional de um ponto de vista sobre a juventude difícil de ser alcançado quando são lidos em separado. Ainda que os escritos já tenham sido publicados em periódicos da região sudeste e, em momentos distintos (SETTON, 2006; 2008, 2009a; 2009b, 2012, 2014, 2015), trata-se de estudos que têm como tema os processos socializadores, em quatro instancias educativas – família, religião, escola, mídia –, o que promove uma abordagem relacional e interdependente entre as esferas. A publicação em conjunto desses artigos, oferece portanto de forma inédita, o resgate de um exercício sociológico multi-institucional pouco usual na área da Sociologia da Educação atual.

Em seguida, justifica-se a publicação deste material o fato de trazer a público a análise de experiências de uma categoria social – juventude – em uma região pouco ou quase nada pesquisada – a região norte brasileira – a partir da interface sociologia da educação e sociologia da cultura. Como atestam os comentários de colegas que apreciaram o trabalho na forma de apresentação, Marília Sposito (FE-USP) e Juarez Dayrell

(FeA-UFMG), ambos especialistas em sociologia da juventude, trata-se de uma empreendimento pertinente e singular de difundir uma análise comparativa entre trajetórias socializadoras de jovens pertencentes aos segmentos populares e de elite de uma localidade ainda pouco conhecida. Vale salientar que há muito a área da sociologia da juventude vem tentando dar visibilidade à dimensão da cultura nos segmentos juvenis o que caracterizaria a coletânea em tela como sendo oportuna.

Por fim, trata-se, ainda, de uma publicação comprometida pois busca estabelecer um diálogo com pesquisadores da região norte, na medida em que a editora selecionada tem capacidade de fazer circular esse material para um público mais extenso da região. Ademais, a edição sendo realizada em 2015/2016, responde a uma forma de colaborar com investigações na área, num intercâmbio de ideias entre pesquisadores e educadores brasileiros.

Assim sendo, julgo que a apresentação deste conjunto de reflexões torna-se pertinente não só para os pesquisadores da juventude, mas aqueles interessados no ensino médio, bem como para os adeptos de uma sociologia da educação relacional e processual. Boa leitura a todos.

REFERÊNCIAS

ALMEIDA, Ana; NOGUEIRA, Maria Alice (Orgs.). *A escolarização das elites:* um panorama internacional de pesquisa. Petrópolis: Vozes, 2003.
AMAZONAS, Tânia Mara Moraes. *Estatísticas Municipais de Santarém*, 2008.
____*Principais produtos de Santarém.* Informações Municipais, Seplan, 2010.
ANUÁRIO ESTATÍSTICO DE MÍDIA. São Paulo: Abril; Meio e Mensagem, 2003.
ANUÁRIO ESTATÍSTICO DE MÍDIA. São Paulo: Abril; Meio e Mensagem, 2007.
ANUÁRIO ESTATÍSTICO. São Paulo: IBGE, 1953.
ANUÁRIO BRASILEIRO DE EDUCAÇÃO BÁSICA, 2012.
ARNOLDI, Eliana. Leitura e escrita de professores: socializações e práticas profissionais. *Dissertação de Mestrado*, FE-USP, 2014.
ARTEAGA, Catalina A. y MARTUCCELLI, Danilo. Neoliberalismo, corporativismo y experiências posicionales. Los casos del Chile y Francia. *In: Revista Mexicana de Sociologia*, 74, México: Universidad Nacional Autónoma de México, n. 2, abril-junho, 2012, pp. 275-302. Disponível em: <www.revistas.unam.mx/index. php/rms/article/download/31204/28893>. Último acesso em 30 de setembro de 2013.
ARRUDA, Maria Arminda do N. *Metropole e cultura: Sao Paulo no meio do século*. Bauru: EDUSC, 2001.
BANDEIRA, Maria, O papel do pai no contexto familiar, Dissertação de Mestrado, UFPA, 2002
BECKER, Bertha. Geopolítica da Amazônia. In *Dossiê Amazônia brasileira I.* in Estudos Avançados. USP, n/53, São Paulo, PP. 71-87. 2005.
BOURDIEU, Pierre. *La distinction: critique social du jugement*. Paris: Minuit, 1979.

_____. *A economia das trocas simbólicas*. Organização de Sérgio Miceli. São Paulo: Perspectiva, 1982.
_____. *Questões de Sociologia*. Rio de Janeiro: Marco Zero, 1983a.
_____. *A miséria do mundo*. Petrópolis: Vozes, 1999.
_____. *Pierre Bourdieu avec Löic Wacquant - Réponses*. Paris: Seuil, 1992.
_____*Meditações Pascalianas*, Oeiras, Ed. Celta, 1998.
BOURDIEU, P. & CHARTIER, R. *O sociólogo e o historiador*. Belo Horizonte, Ed. Autêntica, 2011.
BRANDÃO, Carlos R., (1990), *O trabalho de saber – cultura camponesa e escola rural*. ED. FTD, São Paulo.
CANDIDO, Antônio.(1978). A estrutura da escola. In *Educação e Sociedade*.(orgs. Foracchi, M & Pereira. L). Companhia Editora Nacional. Pp.107-128.
CARNEIRO, Maria José. O ideal rurbano: campo e cidade no imaginário de jovens rurais. In: SILVA, F. C. T. da; SANTOS, R.; COSTA, L. F. de. C. *Mundo rural e política:* ensaios interdisciplinares. Rio de Janeiro: Campus, 1998.
COLLARES, Anselmo Alencar. *A história da educação em Santarém das origens ao fim do Regime Militar*: 1661-1985. Santarém: Gráfica Vitória Régia, 2003.
CORTI, A, FREITAS, M. V., SPOSITO, M.(2001. *O encontro das culturas juvenis com a escola*. Ação Educativa, São Paulo.
COSTA, Francisco de Assis. Questão Agrária e macropolíticas para a Amazônia. in *Dossiê Amazônia brasileira I*. in Estudos Avançados. USP, n/53, São Paulo, PP. 131-157, 2005.
COULANGEON, Philippe. La stratification sociale dês goûts musicaux. *Revue Française de Sociologie*, Paris, v. 44, n. 1, p. 3-33, 2003.
COULANGEON, Philippe. Quel est le rôle de l'école dans la démocratisation de l'accès aux équipements culturels? In: DONNAT, Oliver; TOLILA, Paul (Dir.). *Le(s) public(s) de la culture*. Paris: Press de Sciences Po, 2003.

_____. Lecture e television: les transformations du role culturel de l'école. *Revue Française de Sociologie*, Paris, v. 48, n. 4, p. 657-691, oct./déc. 2007.

DAYRELL, Juarez. Juventude e Escola. In *Juventude e Escolarização* (1980-1998). MEC/INEP/COMPED.Brasilia. 2002.

DAYRELL, Juarez & REIS, J. & LEÃO, G. Juventude, projeto de vida e ensino médio. In *Educação e Sociedade*, Campinas, v.32, n/117, out.dez., p. 1067-1084, 2011.

DAYRELL, Juarez & REIS, J. & LEÃO, G. JOVENS OLHARES SOBRE A ESCOLA DO ENSINO MÉDIO. In *Cadernos CEDES*, Campinas, vol. 31, n. 84, p. 253-273, maio-ago. 2011.

DAYRELL, Juarez, Ser alguém na vida: juventude, escola e a busca por reconhecimento. (texto de circulação restrita), UFMG, 2014.

DE CERTEAU, Michel. *A invenção do cotidiano. Artes de fazer*. Petrópolis: Vozes, 2002.

DONNAT, O.; COGNEAU, D. *Les pratiques culturelles des français*: 1973-1989. Paris: La Découverte, 1990.

DONNAT, O.; TOLILA, P. *Le(s) public(s) de la culture*. Paris: Press de Sciences Po, 2003.

DONNAT, Olivier. *Regards croisés sur les pratiques culturelles*, Paris: La Documentation Française, 2003.

DOUGLAS, Mary; ISHERWOOD, Baron, *O mundo dos bens*: para uma antropología do consumo. Rio de Janeiro: UFRJ, 2006.

DUBET, François. *Sociologia da Experiência*. Lisboa: Instituto Piaget, 1996.

DURKHEIM, Émile. *Educação e Sociologia*. São Paulo: Melhoramentos, 1978.

_____. *Emile Durkheim:* Sociologia. São Paulo: Ática, 1978a. (Coleção grandes cientistas sociais).

FABIANI, Jean-Louis. Peut-on encore parler de légitimité culturele? In: DONNAT, O,; TOLILA, P. *Le(s) public(s) de la culture*. Paris: Press de Sciences Po, 2003.

FIGUEIRA, Sérvulo.(1987). O moderno e o arcaico na família de classe média brasileira: notas sobre a dimensão invisível da mudança social In: *Uma nova família?* *O moderno e o arcaico na família de classe média brasileira* Ed. Zahar. Rio de Janeiro. Pp11-30.

FERREIRA, Edilberto. *O Berço do Çairé*, Manaus, Ed. Valer, 2008.

FONSECA, Wilde Dias. *Santarém*: momentos históricos. Santarém: Gráfica Tiagão, 1996.

FORQUIN, Jean-Claude. Saberes escolares, imperativos didáticos e dinâmicas sociais. *Teoria & Educação*, n. 5, p. 28-49, 1992.

GALVÃO, Efrém, *Romanceiro Mocorongo*, 1998, Gráfica Tiagão, Santarém.

GARCIA-CANCLINI, Nestor. *Culturas Híbridas*. São Paulo: Edusp, 1997.

_____. *As culturas populares no capitalismo*. São Paulo: Brasiliense, 1983.

GARCIA-CANCLINI, Nestor. Noticias recientes sobre la hibridación. *Trans*: Revista Transcultural de Música, Barcelona, n. 7, 2003. Disponível em: <http://www.sibetrans.com/trans/a209/noticias-recientes-sobre-la-hibridacion>. Acesso em: 25 maio 2011.

_____. *Diferentes, desiguais e desconectados*. Rio de Janeiro: UFRJ, 2007.

GEERTZ, Clifford. *A Interpretação das Culturas*. Ed. Zahar, Rio de Janeiro, 1978.

GIDDENS, Anthony. *As consequências da modernidade*. São Paulo: Unesp, 1991.

GOMES, J. V. Jovens urbanos pobres: anotações sobre escolaridade e emprego. *Revista Brasileira de Educação*, São Paulo, n. 5/6, 1997.

GOMES, Elias E. Ensaios etnográficos sobre a socialização da juventude para a sexualidade e a fé: "vem, você vai gostar!". Dissertação de Mestrado em Educação – Universidade de São Paulo, São Paulo, 2010.

GONÇALVES, Telma, E o casamento como vai? Um estudo sobre conjugalidade em camadas médias urbanas, Dissertação Mestrado, UFPA, 1999.
GURVICH, George. *Dialectique et Sociologie*. Paris: Flammarion, 1962.
HALL, Stuart. A centralidade da cultura: notas sobre as revoluções de nosso tempo. *Educação e Realidade*, Porto Alegre, v. 22, n. 2, p. 15-45. 1997.
HEDER, Fernando. Socialização para a cidadania: limites e possibilidades no universo das Organizações Não-Governamentais. Dissertação Mestrado. Faculdade de Educação USP, 2008.
GUÉGUEN H. & MALOCHET, G. *Les théories de la reconnaissance*. Collection Repères, Paris, La Découverte, 2012.
HONNETH, Axel. La lutte pour la reconnaissance. (entretien avec Axel Honneth) *Revue Sicences Humanines*, Paris, 2006.
IANNI, Otavio. *Enigmas da modernidade-mundo*. Rio de Janeiro. Ed. Civilização Brasileira. 2003.
INSTITUTO NACIONAL DE ESTUDOS E PESQUISAS EDUCACIONAIS (INEP). *A educação no Brasil na década de 90*: 1991-2000. Brasília: Ministério da Educação, 2003.
KAMAKURA, Wagner & MAZZON, José. *Estratificação socioeconômica e consumo no Brasil*. São Paulo, Ed. Blucher, 2013.
JACOB, César Romero. (2004), A diversificação religiosa. In: *Dossiê Religiões do Brasil – Estudos Avançados 52 –* USP. São Paulo.
LAHIRE, Bernard. *Sucesso Escolar nos meios populares*: as razões do improvável. São Paulo: Ática, 1997.
_____. *O Homem Plural*: os determinantes da ação. Petrópolis: Vozes, 2002.
_____. Trajetória acadêmica e pensamento sociológico. *In: Educação e Pesquisa – Revista da Faculdade de Educação da Universidade de São Paulo*. São Paulo: FE-USP, pp. 315-321, 2004a.
_____. *Retratos Sociológicos – disposições e variações individuais*. Porto Alegre: Artes Medicas, 2004b.

_____. *A cultura dos indivíduos*. Porto Alegre: Artmed, 2006.
LEÃO, Geraldo M.P.(2006), Experiência da desigualdade: os sentidos da escolarização por jovens pobres. In *Revista Educação e Pesquisa*, Faculdade de Educação – USP, vol.32, n/1, p.31-48.
LÉON, Oscar Dávila & SOTO, Felipe Ghiardo. (2005), Trajectorias, transiciones y condiciones juveniles em Chile. In *Nueva Sociedad 200*. Debate Agrário. n/39. Lima.
LEVI-STRAUSS, Claude. Introdução: a obra de Marcel Mauss. *Sociologia e Antropologia*, São Paulo, v. 2, p. 1-37, 1974.
LOBO, Narciso. *Ficção e Política*: o Brasil das minisséries. Manaus: Valer, 2000.
LOUREIRO, Violeta Refkalefsky. *A Amazônia no Século XXI – novas formas de desenvolvimento*. São Paulo. Empório do Livro. 2010.
_____ *Amazônia – história e Análise de Problemas – do período da borracha aos dias atuais*. Belém. Editora CEJUP, 2011.
MARTÍN-BARBERO, Jesús. *Dos meios às mediações*: comunicação, cultura e hegemonia. Rio de Janeiro: UFRJ, 1995.
MARTINS, José de Souza. *Capitalismo e tradicionalismo*: estudos sobre as contradições da sociedade agrária no Brasil. São Paulo: Pioneira, 1975. (Biblioteca pioneira de ciências sociais).
_____. *O Poder do atraso*: ensaios de sociologia da história lenta. São Paulo: HUCITEC, 1994.
_____. *A sociabilidade do homem simples*: cotidiano e história na modernidade anômala. São Paulo: Hucitec, 2008.
MARTINS de SOUZA, César Augusto. Quando a " Santa Terezinha" é o ponto de encontro: sociabilidade, amor e família na paróquia do Jurunas, Belém-Pará. Dissertação Mestrado. UFPA, s/d.
MARTUCCELLI, Danilo. *Grammaires de l'individu*. Paris: Gallimard. 2002.
MARTUCCELLI, Danilo. *Cambio de rumbo – la sociedad a escala del individuo*. Santiago: LOM, 2007.
_____. *Existe indivíduos en el Sur?* Santiago: LOM, 2010.

_____. Como os indivíduos se tornam indivíduos? Entrevista com Danilo Martuccelli. In: Revista Educação e Pesquisa da Faculdade de Educação da Universidade de São Paulo. São Paulo: FE-USP, vol. 39, jan.-mar., 2013.
MAUÉS, Raymundo Heraldo. Uma outra " invenção" da Amazônia – religiões, histórias e identidades. Ed. CEJUP, Belém. 1999.
MAUSS, Marcel. Ensaio sobre a dádiva, forma e razão da troca nas sociedades arcaicas. In: _____. Sociologia e Antropologia. São Paulo: EDUSP, 1974. v. 2.
MILSS, Wright. A nova classe média. Rio de Janeiro, Zahar Editora, 1979.
MONTERO, Paula. O problema do sincretismo. In: Teoria e Sociedade. Revista dos Departamentos de Ciência Política e de Sociologia e Antropologia da Universidade de Minas Gerais. Belo Horizonte: UFMG, 2003, pp. 112-119.
MONTEIRO, Benedito. O carro dos milagres. Belém: Cejup. 1983.
_____.Verde Vagomundo, Cejup, Belém, 1997
MORIN, Edgar. A Integração Cultural. In: MORIN, Edgar. Cultura de Massas no Século XX: o espírito do tempo. Rio de Janeiro: Forense Universitária, 1984. v. 1.
MOTTA-MAUÉS, Maria Angélica. Na casa da mãe/ na casa do pai: anotações (de uma antropóloga e avó) em torno da "circulação" de crianças. In Revista de Antropologia, São Paulo, USP, v.47, n/2. pp. 429-452.2004.
NERI, Marcelo. A nova classe média - o lado brilhante da base da pirâmide. São Paulo, Editora Saraiva, 2013.
NOGUEIRA, Maria Alice. Convertidos e oblatos - um exame da relação classes médias/escola na obra de Pierre Bourdieu. 18ª Reunião Anual da Associação Nacional de Pós-Graduação e Pesquisa em Educação, Caxambu/Brasil, 17-21, Setembro de 1995.
NOGUEIRA, Claudio. A abordagem de Bernard Lahire e suas contribuições para a sociologia da Educação. Texto apresentado para a Sessão Especial: Estrutura e indivíduo: um debate acerca dos enfoques grupais e individuais na sociologia da educação, Anped, 2013, Goiânia.

OLIVEIRA, R. P. Política educacional no Brasil: alguns desafios dos anos 90. *Revista da Faculdade de Educação*, São Paulo, v. 18, n. 1 , p. 5-19, jan./jun. 1992.
OLIVEIRA, Roberto Cardoso. Introdução a uma leitura de Mauss. In: OLIVEIRA, Roberto Cardoso. *Marcel Mauss*. São Paulo: Ática, 1979. p. 7-50. (Coleção grandes cientistas sociais).
ORTIZ, R.; BORELLI, S. H. S; RAMOS, J. M. O. *Telenovela*: história e Produção. São Paulo: Brasiliense, 1988.
ORTIZ, Renato. *Mundialização e Cultura*. São Paulo: Brasiliense, 1994.
ORTIZ, Renato. *O próximo e o distante – Japão e Modernidade – Mundo*. São Paulo. Ed. Brasiliense, 2000.
PAES LOUREIRO, João Jesus. *A ilha de um doce mar*. [S.l.: s.n.], s/d. Mmimeografado. Circulação restrita.
PASQUIER, Dominique. *Cultures Lycéennes*: la tyrannie de la majorité. Paris: Autrement, 2005.
PEREIRA DE QUEIROZ, Maria Isaura. *Cultura, sociedade rural, sociedade urbana no Brasil*. São Paulo: LTC; Edusp, 1978.
PETERSON, Richard A.; KERN, Roger M. Changing Highbrow Taste: from nov to Omnivore. *American Sociological Review*, Menasha, n. 61, p. 900-907, 1996.
PETERSON, Richard A. Understanding Audience Segmentation: from elite and mass omnivore and univore. *Poetics*, n. 21. p. 243-258, 1992.
PIERUCCI, Antônio Flávio.(2004). "*Bye bye*, Brasil" – O declínio das religiões tradicionais no Censo 2000. In *Dossiê Religiões do Brasil – Estudos Avançados* 52 – USP. São Paulo, pp. 17-27.
PINTO, L.; NASCIMENTO, M.; SILVA, C. *Juventude*: expectativas de lazer e cultura em Santarém. 2003. Iniciação científica, UFPA, Santarém, 2003.
PINTO, Lucio Flávio. *Memória de Santarém*. Santarém, Editora O Estado do Tapajós. 2011.
_____. Os desafios de Santarém. In *Revista do Çairé*, n/ 1, setembro de 2011a, Santarém, Pará.

PIPINIS, Vanessa. *Imagens sobre o Brasil*: um estudo sobre as inter-relações entre mídia e escola. 2008. 146 p. + anexos. Dissertação (Mestrado em Sociologia da Educação) – Faculdade de Educação, Universidade de São Paulo, São Paulo, 2008.
POCHMANN, Marcio. *Nova classe média? o trabalho na base da pirâmide social brasileira*. São Paulo, Ed. Boitempo, 2013.
RATHIER, Rodrigo. A centralidade da comunicação na socialização dos jovens – um estudo sobre mediação escolar. Dissertação Mestrado, Faculdade de Educação da USP, 2008.
REIS, Juliana Batista. Transversalidade nos modos de socialização e individuação: experiências juvenis em rede. *Tese de Doutorado*, PPG - UFMG, 2014.
ROMANELLI, Geraldo. (2003). Autoridade e poder na família. In: *A família contemporânea em debate*. Ed. Educa/ Cortez. (org.Brant de Carvalho) São Paulo. Pp.73-88.
SANCHIS, Pierre. Religiões, religião... alguns problemas do sincretismo no campo religioso brasileiro. In: (Org.). *Fiéis e cidadãos*: percursos de sincretismo no Brasil. Rio de Janeiro: UERJ, 2001. p. 9-57.
SETTON, Maria da Graça J. Professor: variações sobre um gosto de classe. *Educação e Sociedade,* Campinas, n. 47, p. 73-96, abr. 1994.
_____. Narrativas grupais e produtos da mídia: uma relação ambivalente. *Revista da Pós-Graduação do IFCH*, Campinas, 2000.
_____. A teoria do *habitus* em Pierre Bourdieu: uma leitura contemporânea. *Revista Brasileira de Educação*, Rio de Janeiro, n. 20, p. 60-70, maio/ago. 2002a.
_____. Família, escola e mídia: um campo com novas configurações. *Educação e Pesquisa*, v. 28, p. 107-116, jan./jun. 2002b.
_____. A educação popular no Brasil: a cultura de massa. *Revista USP*, São Paulo, n. 61, p. 58-77, mar./maio 2004.
_____. *Rotary Club*: habitus, estilo de vida e sociabilidade. São Paulo: Annablume, 2004a.
_____. Um novo capital cultural: disposição e predisposição à cultural informal nos segmentos com baixa escolaridade. *Educação e Sociedade,* Campinas, v. 26, p. 77-106, jan./abr. 2005.

_____. A particularidade do processo de socialização no mundo contemporâneo. *Tempo Social*, São Paulo, v. 17, n. 2, p. 335-350, 2005a.

_____.Práticas e representações sociais entre jovens: um estudo sobre a importância das matrizes de cultura família e religião, em Santarém, Pará. *Cadernos do CERU* – NAP- CERU, FFLCH-USP – série 2, n.17. 2006, p. 193-224.

_____. Escola e mercado de bens de cultura na formação do gosto cultural dos jovens. *Revista Comunicação & Cultura* – Universidade Católica de Lisboa. Portugal. 2008.

_____. A socialização como fenômeno social total – notas introdutórias sobre a teoria do *habitus*. *Revista Brasileira de Educação* – ANPED, maio/agosto, 2009a, n/41, Pp. 296-280.

_____. Juventudes, Mídias e Tics. In SPOSITO, Marília. *O Estado da Arte sobre Juventude na pós-graduação brasileira: Educação, Ciências Sociais e Serviço Social (1999-2006)*, Vol. 1 e vol.2. Belo Horizonte, Ed. Argumentum, 2009b.

_____. Sociabilidade juvenil, mídias e outras formas de controle social. In DAYRELL, J. MOREIRA, M.I., STENGEL, M. (Org.) *Juventudes Contemporâneas: Um mosaico de possibilidades*. Belo Horizonte: Ed PUC-Minas, 2011. p. 67-80.

_____.Lazeres e práticas de cultura entre jovens da Amazônia. In BRANDÃO, Zaia & FONSECA, Maria Manuel Vieira. *Sociologia da Educação*. Revista Luso-Brasileira, Rio de Janeiro. 2012, p. 327-351.

_____. Teorias da Socialização: um estudo sobre as relações indivíduo e sociedade. *Educação e Pesquisa*. Revista da Faculdade de Educação da USP, 2012.

_____. *Socialização e Cultura: ensaios teóricos*. São Paulo, Ed. Annablume, 2012a. 140 páginas.

SEVCENKO, Nicolau. Introdução. In: HISTÓRIA da Vida Privada no Brasil: república da belle époque à era do rádio. São Paulo: Companhia das Letras, 2004. v. 3.

SOUZA, Jessé. *Os batalhadores brasileiros - nova classe média ou nova classe trabalhadora?*, Belo Horizonte, Editora UFMG e Ed. Humanitas, 2012.

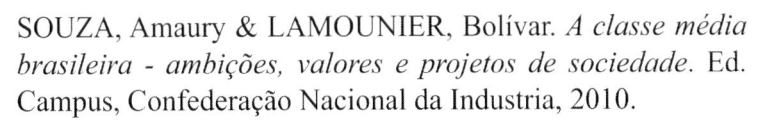

SOUZA, Amaury & LAMOUNIER, Bolívar. *A classe média brasileira - ambições, valores e projetos de sociedade*. Ed. Campus, Confederação Nacional da Industria, 2010.
SPOSITO, Marília. *O povo vai à escola*. São Paulo: Loyola, 1985.
_____. Uma perspectiva não escolar no estudo sociológico da escola. *Revista USP*, São Paulo, 2003.
_____. Algumas reflexões e muitas indagações sobre as relações entre movimentos sociais, juventude e educação. In: de Freitas, Marcos Cezar. *Desigualdade Social e Diversidade Cultural:* na infância e na juventude. São Paulo: Cortez, 2006. p. 209-243.
SPOSITO, Marília. *O Estado da Arte sobre Juventude na pós-graduação brasileira: Educação, Ciências Sociais e Serviço Social (1999-2006)*, Vol. 1 e vol.2. Belo Horizonte, Ed. Argumentum, 2009.
SPOSITO, Marilia & GALVÃO, Isabel. (2004), A experiência e as percepções de jovens na vida escolar na encruzilhada das aprendizagens: o conhecimento, a indisciplina, a violência. In *Revista Perspectiva*, Centro de Ciências da Educação, Florianópolis, 31 pags, vol.22, n/2, julho/dezembro.
TAVARES DA SILVA, Maria Olinda, *Famílias Paraenses: um estudo de suas características e interações*. Relatório de Pesquisa, 1999, UNAMA, Belém.
THIN, Daniel. Familles populaires et institution scolaire: entre autonomie et héteronomie, 2007. (texto de circulação restrita).
_____. *Quartiers populaires: l'école et les familles*, Lyon, Press Universitaire de Lyon, 1998.
WEBER, Max. *Economia e Sociedade*. Brasília: UNB, 1991. v. 1.
WILLIANS, Raymond. *Marxismo e Literatura*. Ed. Zahar, Rio de Janeiro, 1979.

Jornais
O Globo
A Folha de São Paulo, 24 de março de 2007. Educação é o principal interesse da Internet.
A Folha de São Paulo, 2008. Pesquisa: O Jovem brasileiro do século XXI
Via Amazônia Revista, 2013. Santarém na rota dos grandes transatlânticos.
O Estado de São Paulo, 2006, Ação de Greenpeace contra Cargill acaba em confronto.
O Estado de São Paulo, 2006, Apenas 2,1% das multas ambientais aplicadas na Amazônia são pagas.
O Estado de São Paulo, 2006, Conflitos de terra revelam um país que não saiu do século XIX.

ANEXO

Questionário: Pesquisa Juventude na Amazônia
1. Número do questionário:
Dados Pessoais
2. Ano de Nascimento:
3. Ano em que cursa o Ensino Médio:
4. Estado Civil:
5. Filhos:
6. Em caso afirmativo, quantos:
Trabalho
7. Em caso afirmativo, qual sua ocupação:
8. Onde você aloca a maior parte de sua renda:
9. Como definiria sua cor:
10. Religião:
católica romana, evangélica - indicar a denominação, espírita, umbanda, outras
11. Qual a importância da religião em sua vida:
muita, pouca, nenhuma
12. Quem mais influenciou a escolha de sua religião:
meus pais, outros parentes, amigos, pessoas religiosas, ninguém, motivos pessoais
13. Você acredita em: responda sim ou não:
santos, anjos, espíritos, demônios, Virgem Maria, entidades/orixás, reencarnação/vidas passadas, energia/aura, milagres, adivinhação/previsão do futuro, você acha que o demônio ou alguma entidade do mal pode tomar conta do corpo e o espírito de uma pessoa?
14. Você costuma participar de atividades de outras religiões além da sua?
15. Com que frequência participa das atividades de sua religião:
uma vez por semana, mais de uma vez por semana, mais de uma vez por mês, uma vez por mês, raramente, nunca

16. De que modo você normalmente pratica sua religião: oração diária, meditação, obras de caridade, promessas, ofertas sacrifícios, mediunidade/incorporação, não pratica
17. Você já teve outra religião:
18. Em caso positivo, qual:
19. O que o fez trocar de religião:
cura de doenças/drogas, a doutrina da outra religião, a nova religião trouxe paz e tranquilidade, a nova religião afastou espíritos maus, outras
20. Com qual das afirmações você mais concorda (escolha apenas uma opção):
Deus manda em tudo o que acontece no mundo, Deus dá uma grande liberdade aos homens e só intervém em ocasiões graves e especiais, Deus criou os homens livres e não interfere na história humana, não acredito em Deus
21. Você mora:
com seus pais, sozinho, com o cônjuge, outros
22. Renda total da família:
até 5 salários mínimos, até 10 salários mínimos, até 20 salários mínimos, mais de 20 salários mínimos, não sei.
23. Quantas pessoas vivem com essa renda
24. Qual a ocupação/ profissão de seu pais (mesmo se já aposentado)
25. Qual a ocupação/profissão de sua mãe (mesmo se já aposentada)
26. Escolaridade do Pai e da Mãe
27. Quem é o chefe da família:
pai, mãe, outros
28. Preencha a tabela de acordo com o que sua família tem em casa: rádio, aparelho de som, TV, Video/DVD, computador, automóvel, empregada todo dia, banheiro, celular.
Sociabilidade Familiar
29. Você conversa com seu pai:
todos os dias, quando necessário, nunca, outros
30. Você conversa com sua mãe:
todos os dias, quando necessário, nunca, outros

31. O relacionamento com seu pai pode ser caracterizado como:
bom, ruim, poderia ser melhor, pai falecido
32. O relacionamento com sua mãe pode ser caracterizado como:
bom, ruim, poderia ser melhor, mãe falecida
33. O relacionamento com seus irmãos pode ser caracterizado como:
bom, ruim, poderia ser melhor, não tem irmãos
34. Sobre o hábito de conversar com o pai:
vida pessoal, vida acadêmica, vida profissional, vida amorosa, planos para o futuro
(sempre, às vezes, nunca)
35. Sobre o hábito de conversar com a mãe:
vida pessoal, vida acadêmica, vida profissional, vida amorosa, planos para o futuro
(sempre, às vezes, nunca)
36. Sobre o hábito dos pais interferirem:
vida pessoal, vida acadêmica, vida profissional, vida amorosa, planos para o futuro
(sempre, às vezes, nunca)
37. Caracterizando sua residência (escolha uma opção):
família para aturar, felicidade, bons vizinhos, privacidade, falta de espaço, conforto, tarefas domésticas, desconforto, gritaria, segurança, outros
38. Seus melhores amigos encontram-se (escolha uma opção):
familiares (pais e irmãos), colegas de trabalho, colegas da escola, parentes (primos/tios), outros
39. Sobre estar com os amigo, significa (escolha uma opção):
passar o tempo, estar simplesmente com eles, divertir-se, desabafar, falar assuntos de interesse comum, aconselhar-se, não tem amigos
40. Pensando em si mesmo (escolha uma opção):
é uma pessoa feliz, a vida é uma preocupação atrás da outra, sente solidão, acredita e tem confiança no futuro, é uma pessoa com bons amigos, a vida é uma agradável aventura

Escolarização
41. Você cursou o Ensino Fundamental:
somente em escolas públicas, somente em escolas privadas, escolas públicas e privadas
42. Foi reprovado(a) alguma vez:
em caso positivo, qual ou quais séries
43. Quanto tempo você leva para chegar em sua escola:
menos de 30 min., entre 30 min. e 1 hora, mais de uma hora
44. Qual o meio de transporte utilizado para ir a escola (escola a opção mais frequente):
ônibus, metrô, carro próprio, carona, a pé, outros
45. Por quE você ou seus pais escolheram esta escola para realizar seus estudos (escolha apenas uma opção):
proximidade de casa, proximidade do trabalho, qualidade do ensino, disponibilidade de vaga, outros
46. Assinale as atividades que você realiza fora da sua escola durante o Ensino Médio:
curso de língua estrangeira, curso de computação e informática, artes plásticas e formação artística, esporte, atividades físicas
47. Avalie os seguintes aspectos que compõem a escola e justifique: (bom, regular, ruim):
conhecimento dos professores sobre as matérias e maneira de transmiti-la, biblioteca, condições de sala de aula, condições do laboratório, acesso a computador e outros recursos de informática, interesse dos alunos, trabalho de grupo, práticas de esporte, atenção e o respeito dos funcionários, a direção da escola, a organização dos horários de aulas, localização da escola, a segurança (iluminação, policiamento)
48. A escola em que você estuda realiza as seguintes atividades extracurriculares
(sempre, às vezes, nunca):
palestras e debates, teatro, projeção de filmes, coral/dança, estudo do meio ambiente, feira de ciências, festas e gincanas
49. O que você mais gosta em sua escola:
50. O que você menos gosta em sua escola:

51. O que você pensa sobre os professores de sua escola (sim/não):
os professores têm autoridade, firmeza, os professores são distantes, têm pouco envolvimento, os professores me respeitam, os professores são indiferentes, ignoram minha existência, os professores são preocupados e dedicados, os professores são autoritários, rígidos, abusam do poder
52. Qual sua avaliação sobre sua escola quanto aos seguintes aspectos (bom, regular, ruim):
liberdade de expressar suas ideias, respeito aos alunos, a escola leva em conta sua opinião, nas aulas são discutidos problemas da atualidade, convivência entre os alunos, a escola se organiza para apoiar a resolução de problemas de relacionamento entre alunos, a escola tem iniciativa para apoiar a resolução de problemas de relacionamento entre alunos e professores, a escola leva em conta seus problemas pessoais e familiares, capacidade da escola relacionar os conteúdos das matérias com o cotidiano, capacidade da escola avaliar seu conhecimento, o que você aprendeu
53. O que te motiva a ir para a escola (escolha uma opção):
professores, colegas, meu futuro, aquisição de conhecimento, atividades extraclasses, outros
54. Qual a principal decisão que você vai tomar quando concluir o Ensino Médio (escolha uma opção):
prestar vestibular e continuar os estudos no Ensino Superior, procurar emprego, prestar vestibular e continuar a trabalhar, fazer cursos profissionalizantes e me preparar para o trabalho, trabalhar por conta própria/trabalhar em negócio de família, ainda não decidi, outros
55. A médio prazo, daqui a uns 4 ou 5 anos, o que você gostaria que acontecesse:
gostaria de ter um diploma universitário para conseguir um bom emprego, gostaria de prestar concurso e trabalhar no setor público, gostaria de ganhar dinheiro com meu próprio negócio, gostaria de ter um emprego, não planejei, outros

Atividades de Lazer
56. Onde e como passa suas férias (cite a localidade)
57. Quando você costuma praticar as atividades abaixo (durante a semana, fins de semana e feriados, raramente): ir ao cinema, ir ao teatro, assistir vídeo/DVD, assistir TV, viajar na Internet, ir a bibliotecas, ir a museus e exposições, ir a shows e concertos, ir a bares, descansar, passear em shoppings, fazer atividades esportivas, grupos musicais, cultos religiosos, namorar, ouvir rádio, ir a parques, tocar um instrumento musical, falar ao telefone, escrever pensamentos ou diários
58. Você vai ao cinema (muito, regularmente, pouco, não vai)
59. Qual o último filme que você assistiu
60. Se você tem videocassete ou DVD, você o assiste (muito, regularmente, pouco, não tem)
61. Qual o gênero de filme que você mais gosta de assistir em casa ou no cinema (assinale uma opção):
policial, drama, comédia, amor, arte, ficção científica, suspense, erótico terror, aqueles que não passam no cinema, qualquer um, estando em casa o vídeo serve para distrair, outros
62. Você ouve rádio (muito, regularmente, pouco, não ouve rádio)
63. Qual o rádio/emissora que você mais sintoniza
64. Você costume ouvir música praticando uma ou mais atividades (muito, regularmente, pouco, não ouve rádio)
65. Você costuma comprar CDs
(muito, regularmente, pouco, não compra)
66. Qual o último CD que você adquiriu:
67. Quais os gêneros de música que você mais gosta (escolha duas opções):
MPB, samba, pagode, rock, sertaneja, pop, eletrônica, rap, outros
68. Cite um compositor(a) estrangeiro de sua preferência:
69. Cite um compositor(a) nacional de sua preferência:
70. Cite um cantor(a) estrangeiro de sua preferência:
71. Cite um cantor(a) nacional de sua preferência:
72. Você lê (muito, regularmente, pouco, não lê)

73. Quais dos itens abaixo você costuma ler (regularmente, nunca, cite o último título):
livros, revistas, jornais, revistas em quadrinhos, fascículos, outros (citar)
74. Quais destes gêneros literários você mais gosta de ler (assinale duas alternativas):
literatura em geral, religioso/esotérico (espírita, cristão, astrologia), ficção científica, poesia, best-sellers, literatura policial, livros técnicos, autoajuda
75. Você costuma acessa a Internet(muito, regularmente, pouco, não acessa)
76. Em caso afirmativo, de qual lugar você acessa:
casa, escola, trabalho, outros
77. Para quais fins você acessa a Internet
78. Você costuma fazer uso constante do telefone (muito, regularmente, pouco, não)
79. Para que fins você faz uso: falar com os amigos, assuntos de trabalho, outros
80. Quanto tempo, aproximadamente, você assiste TV, por dia:
menos de 30 min., de 1 a 2 horas, 2 a 3 horas, mais de 3 horas
81. Você costuma (frequentemente, raramente, nunca):
ligar a TV sem saber a programação, chegar em casa e ligar logo a TV, alternar/mudar o canal, comentar programas de TV, participar por telefone, ver TV na cama, ver TV nas refeições, ver TV quando está com os amigos
82. Qual o tipo de programa que você **mais gosta** de assistir na TV (escolha uma opção):
novela, humorístico, esporte, filme, musical auditório, documentário, telejornal, seriado, reality shows, outros
83. Qual o programa de TV que você **mais assiste:**
84. Você costuma assistir TV: sozinho, acompanhado (neste caso quem assiste com você)
85. Quem decide a programação a ser assistida:
86. Qual o programa de TV que marcou sua infância e/ou adolescência:

87. Qual ou quais personagens em histórias em quadrinhos, desenho animados, filmes, novelas ou seriados que te marcaram:
88. Assinale a alternativa que explicite seu desejo para um fim de semana:
assistir a um show, festa com amigos, uma boa peça de teatro, encontrar um amigo que há muito não via, ficar em casa, ler um bom livro, ir ao cinema, ver TV, ter uma aventura amorosa, viajar.
89. Importância de alguns hábitos
(muita, alguma, nenhuma):
uso de cosméticos, dietas alimentares, moda, uma linha esbelta de corpo, previsões astrológicas
90. Características interessantes (escolher uma opção):
aspecto físico, senso de humor, certo ar tímido, gosto pela cultura, discrição, rebeldia, expressão no olhar, charme, dom da palavra, segurança de si mesmo, inteligência, maneira de se vestir
91. Assinale a Atividade que concorda
(não interferia mas ficava a observar, afastava-se procurando não envolver-se, interferia de imediato, interferia mas procurava apoio, chamava a polícia):
alguém sendo alvo de roubo, uma colisão de automóveis, um atropelamento, uma briga, negros/ou mendigos sendo atacados, uma mulher sendo assediada sexualmente
92. Situação
(reagia conversando com a calma necessária, reagia insultando, ficava imobilizado, procurava ajuda nas instâncias competentes):
um estranho mexendo no interior de seu carro, ser acordado no meio da noite por vizinhos barulhentos, ser empurrado e pisado em um transporte público, ser impedido de entrar em uma discoteca
93. Atitudes
(condenável, relativamente condenável, nada condenável, não sei):
conduzir sob efeito do álcool, atos de vandalismo contra o patrimônio público, violência conjugal, consumo de drogas pesadas, consumo de drogas leves, violência dos pais sobre os filhos, passar cheques sem fundos, exibição de filmes violentos

na TV, atos violentos em recintos esportivos, sonegação de impostos, violência de professores sobre alunos, violência com animais, utilização abusiva da força por parte das autoridades, assalto a casas, violência racista, assédio sexual, aborto voluntário, tráfico de drogas, prática da caça ilegal, colar nos exames, despejo de poluentes nos rios

OBS: caso tenha interesse em participar da segunda etapa dessa pesquisa, por favor, deixe seu nome, telefone e/ou e-mail para contato.
Nome, tel e e-mail

SOBRE A AUTORA

Maria da Graça Jacintho Setton

Professora Livre-Docente em Sociologia da Educação pela Faculdade de Educação - USP - 2009. Realizou Graduação e Mestrado em Ciências Sociais pela Pontifícia Universidade Católica de São Paulo (1982 e 1989) e doutorado em Sociologia pela FFLCH - Universidade de São Paulo (1996). Atua na área de Sociologia, Sociologia da Educação e Sociologia da Cultura, com ênfase em temas relativos aos processos educativos e socializadores numa perspectiva institucional (escola, mídia, religião, família, organizações voluntárias, ongs), como na perspectiva individual. Entre os anos de 2010 a 2013 foi coordenadora do GT 14 - Sociologia da Educação da Anped. Atualmente é membro do Comitê Científico desta mesma instituição. É coordenadora do GPS - Grupo Práticas de Socialização Contemporâneas, desde 2003. Em 2008, atuando como professora convidada, fez um estágio de pesquisa no Groupe de Recherche sur la Socialisation, na Université Lumière 2, em Lyon, França, e na Universidade de Coimbra, Portugal. Em 2012, esteve na Université Paris-Descartes, Sorbonne, Sciences Humaines et Sociales, com a oportunidade de mais um estágio de pesquisa.

SOBRE O LIVRO
Tiragem: 1000
Formato: 14 x 21 cm
Mancha: 10 X 17 cm
Tipologia: Times New Roman 11,5/12/16/18
Arial 8/8,5/9
Papel: Pólen 80 g (miolo)
Royal Supremo 250 g (capa)